JN012861

21.5
BUILDING TYPE

世紀の社会と空間のデザイン

変容するビルディングタイプ

中村陽一／髙宮知数／五十嵐太郎／槻橋修

誠文堂新光社

21.5世紀の社会と空間のデザイン
変容するビルディングタイプ

はじめに

　前著『ビルディングタイプ学入門：新しい空間と社会のデザインがわかる』から少し間が空きましたが、『21.5世紀の社会と空間のデザイン──変容するビルディングタイプ』をお届けします。

　緊急事態宣言下の2020年5月に刊行された前著を企画、執筆していたのはコロナ禍以前の2018−19年でした。その時点から私たちが考えていたことは、長い16世紀以来の大航海時代を端緒とする資本主義、グローバリゼーション、消費社会が大きく変化しはじめ、その結果としてビルディングタイプも変容しようとしている、ということでした。

　その認識は、現在も変わっていません。むしろ新型コロナウイルス感染症によって、いっそうこの大きく長い変化が見えやすくなってきたのではないかとも思います。前著の巻末で編者の一人が担当した「第2巻に向けて」の最後を、「大きくは21.5世紀のビルディングタイプを考えることになるだろう」で締めくくっていた予告通りに、本著は、少し先の21.5世紀という視点／地点から、これからの社会と空間のデザインのために考えるべきことを取り上げた一冊となりました。

　前著の企画当初から、私たちは2つの大きなテーマを想定していました。ひとつは様々な人が出会うための空間とそのあり様について。もうひとつは、社会と空間のデザインをどう進めていくのか、専門家と市民の関わり方はどうなっていくのか、という点です。

　もちろん新型コロナウイルス感染症にまつわる様々な経験から、企図や狙いが深まったこともあります。例えばコロナ禍が明らかに

したことのひとつは、人と人との距離や空間の制御ということが、これからの社会と空間のデザインの大きなテーマのひとつとなること。そのことを考察する具体的空間として今回、「広場」と、広場的なものとしての「劇場」に集中的に取り組むことにしました。また、デザインの進め方についても、この2年間、コロナ下で取り組んだ、ワークショップや設計競技に参加してもらった建築家や都市計画の専門家、学生院生たちの案や彼らとの議論の中で、建築家／プログラマー＝専門家に委ねストラテジックに進めるのではなく、オルタナティブも意識しながら「タクティカル」に進めることの有効性を確認しました。そしてこれらの議論から、リアル／デジタル両方の社会と空間における「公共性」が重要なテーマであることに改めて気づかされました。

　なお、前著はその前段としてビルディングタイプの起源や変遷を丁寧に追いかけ、現在抱えている本質的な問題を紹介しました。それが一部では既知のビルディングタイプ本の焼き直しと思われたようで残念ですが、本著を読まれて、あらためて前著を読んでいただければ幸いです。

　最後に──前著にも記しましたが、立教大学社会デザイン研究所では、2018年度から大和ハウス工業株式会社寄付講座として、「文化の居場所を考える──21世紀の文化の容れ物 変容するビルディングタイプ」に取り組んできました。そのプログラムの講座準備会や研究会等での議論から、前著、そして本著は生まれました。巻末に同プログラム概要を記すとともに、その実現に多大なるご支援を賜った大和ハウス工業株式会社に、深い謝意を表するものです。

21.5世紀の社会と空間のデザイン──変容するビルディングタイプ
編者一同

目次

ビルディングタイプと
社会デザインは
どこへ向かうのか

21.5世紀の社会と空間のデザインへ向けて
―文明社会の危機管理と木の葉のざわめきを
　意識しつつ

中村 陽一

はじめに

　冒頭から私事で恐縮ながら、筆者は2022年4月から社会デザイン学会会長を拝命することとなった。この学会は「21世紀の社会デザインを考える」を第1回年次大会テーマとして2006年にスタートした。以来15年余り、時代は21世紀と22世紀の狭間において中間地点である2050年前後を射程に入れなければという地点に既に来ている。22年度大会テーマを検討するにあたり意識した諸点こそ、本書の問題意識とも深く重なり合うと考え、そこから始めることとしたい。

　ただし、当たり前のように2050年がやって来るとはとても言えないところにまで地球と世界と日本は漂着してしまったという危機意識も私たちは同時にもたなければならなくなっている。その危機意識に基づいて、ジェンダー、差別、権力、気候変動、核戦争、生命操作といったテーマ群を強く意識しながら、「文明社会の危機管理」としての社会と空間のデザインの追究を私たちは必要としている。

　さらに、21.5世紀といういささか曖昧な響きをもつ区分には、当然のこととして社会がプレモダンとモダンとポストモダンとを、とりわけ地域をはじめとした「現場」の現実と制度・仕組みにおいて混在させつつ存在している実態を反映させようという象徴的意図も込められている。20世紀以前と21世紀と22世紀（？）とが同時に存在しているそこでは、「木の葉のざわめき」＝「小さくて遠くて弱いもの」の声とまなざしをたえず意識しながら進める社会と空間のデ

ザインへの志向を具体化することもまた大切になっている。

　「木の葉のざわめき」[1]の含意について少し補足しておこう。私にとってそれは、「生と分かちがたく結びついた場」「自己回復への模索の場」における表現としての社会デザインへの入口をたくさん用意するということに尽きる。といっても、定義付けをすべき概念というより、様々なイメージを喚起するための例示として用いている。

　例えば、カウンターカルチャーという表現（と同時に、ジョセフ・ヒースたち[2]が、その帰結として批判したような消費文化への流れ）、アメリカにおける現代社会論の系譜ともつながるソーシャルキャピタルやサードプレイスの議論、横浜新貨物線反対運動という舞台から「公共性を撃つ」という視座の転換をもって現れ今も私たちに迫り続けている宮崎省吾たちの議論[3]、今井照によって再び舞台に乗せられた「最適社会かコミューンか」（真木悠介─松下圭一）という問い[4]、私の同僚ともなり、かつて自立生活サポートセンター・もやいを担った一人でもある稲葉剛（現・つくろい東京ファンド代表理事）の新たな取り組み、多くの著作で英国の底辺から問い続けるブレイディみかこの叫び、釜ヶ崎で表現の場を創り続けるココルーム（NPO法人こえとことばとこころの部屋）・上田假奈代の活動、20代で書いたという『チャヴ』（海と月社、2017）[5]に私も衝き動かされるオーウェン・ジョーンズの「知性に裏打ちされた」怒り、など万華鏡のような拡がりをもって枚挙に暇がない。

　以上を踏まえ、まず各地の認知症カフェにおけるサードプレイスとしての意義と可能性、続いて三鷹市のある施設における市民参加での総点検の取り組みという具体の場面から見て行くことにしよう。

認知症カフェと社会デザイン
―サードプレイスとしての意義と可能性

2013年から3回にわたり、「フォーラム 認知症カフェを考える」（主催：朝日新聞社・朝日新聞厚生文化事業団・立教大学社会デザイン研究所）を開催した。

なぜこのフォーラムに取り組もうと考えたのか、まず「社会デザイン」という考え方との関わりで述べておきたい。前作[6]でも述べたことだが、21世紀に入り、環境や地域紛争など前世紀からの宿題に加えて、新しいかたちの貧困や社会的排除（social exclusion）が大きな課題となっている。また周知の通り、日本は未曽有の少子超高齢社会の中、対GDP比200％超の財政赤字、格差拡大や相対的貧困によりチャレンジが困難な状況など、高度化する諸課題の拡大に直面している。

今課題先進国から課題解決先進国への道筋を展望するためには、従来の発想と方法論を超え、社会の仕組みや人々の参画の仕方を変革し具体的に実現していくことが必要となっている。そのような思考と実践を、私たちは「社会デザイン」と呼んできた。

かつてデザインとは図案を描くことや製品に結びつくものと考えられてきた。しかし、今日、デザインは社会デザインとして、人間の生活と社会全体に関わり、課題を解決し幸福（well-being）を生み出すために、想像力や構想力を発揮して関係性に働きかける営みと読みかえられつつある（ちなみに、関係性を壊すのが、災害、貧困、障がい、認知症、差別、人権抑圧等の「社会的排除」であり、いわゆる先進社会に共通して、合法的に排除されているといった状態が多く見られるようになっている）。

こうした社会と空間に働きかける営みを筆者は「つながりを編み直し、活かすワーク」と呼んできた。それは活動・仕事（ワーク）であり、稼ぐための労働とは性質を異にする。そうしたワークが行わ

れている現場では、市場経済と非市場経済（例えば「贈与」の経済やボランティア経済）を越境しながら、関係性（つながり）がデザインする社会空間（コミュニティ、居場所）が創り出されようとしている。そこでは、「デザインの力で社会の問題を解決する」というよりも、「社会の問題を解決するデザイン」が必要とされており、それは、決して外部から関係性をデザインするといった類のものではない。

　全国各地で展開されてきた認知症カフェの取り組みは、この意味で、まさに当事者による現場からの社会デザインそのものではないか。私はそう考えた。そしてそれは、「サードプレイス」としての認知症カフェの意義と可能性の拡大としても見ることができるのではないかという気づきにつながっていった。

　周知のように、「サードプレイス」とは、第1の場としての家庭でもなく、第2の場としての学校や職場でもない、個人の生活を支える第3の場所として、都市社会学者R・オルデンバーグの提唱をひとつの契機に普及してきた概念である[7]。「サードプレイス」では、人は家庭や職場での役割から解放され、一個人としてくつろげる。オルデンバーグは、産業化—効率化—合理化を進めてきたアメリカ社会と、そのもとに展開されてきた都市計画が生んだ人々の孤独の問題を批判しつつ、地域社会を再び活気づけるための「サードプレイス」として、地域に根ざし、長く人々に愛され続けている地元の飲食店に注目した（もちろん、飲食店だけでなく、時代と社会により、サードプレイスには多様な形態があり得る）。

　「見知らぬ者どうしの気楽で面白い混交」を創り出し、情報交換・意見交換の場所、地域の活動拠点としても機能する場への着目にヒントを得たハワード・シュルツが、スターバックス中興の祖と言われるようになったのは有名なエピソードである（スターバックスがどのような意味でサードプレイスであるかはさておき）。

　サードプレイスの特徴として挙げられるのは、義務感からではなく喜んでやって来る場所、社会的地位とは無関係、遊び心のある会話が主役、オープンで誰もがアクセスできる、常連がいて空間を形

成するが新参者にも優しい、偉ぶったり排他的であったりしない態度や姿勢、緊張ではなく陽気で気さくなトーンの場、第2の家のような温かい感情を共有する場といったもので、これらは、「認知症の人と家族の会」の調査研究をはじめとした各種報告書、厚生労働省のオレンジプラン（認知症施策5か年計画）および新オレンジプラン（認知症施策推進総合戦略）などで言及されている認知症カフェの性格や機能と見事に符合する。

　こうして見てくると、認知症カフェが、今後、社会から排除されがちな人々や場を包摂し、当事者が一緒になってデザインするインクルーシブ・デザインの場として、どのような空間のデザインを地域で実現していけるのかは、21.5世紀の日本の社会にとっても大げさでなく重要事であることがよくわかる。

　最低限の生活水準の保障としてのwelfareから、人権が尊重され自己実現が保障される幸福な状態としてのwell-beingへと、人間の心や暮らしといった生きる全体を支える（holisticな）豊かな空間や時間の必要性とそのための場や事業の構築といった中長期のロードマップを考えていく上でも、認知症カフェの地道な実践は大きく、また深い。

　それはまた、「健康とは、病気ではないとか、弱っていないということではなく、肉体的にも、精神的にも、そして社会的にも、すべてが満たされた状態にあること」というWHOの憲章前文を、あらためて私たちに想起させる実践でもある。

　いうまでもなく、現場には、とても日常的で現実的な課題が山積しており、実際はそこに向き合うことからでなくては、実践など望むべくもない。とはいえ、上記した展望の中でこそ、一つひとつの実践が大河となり、社会を変えていくのもまた事実であることを忘れないでいたいと私は考えている。

三鷹中央防災公園・元気創造プラザ
「総点検市民会議」を軸とした取り組み

　2019年度から取り組まれている三鷹中央防災公園・元気創造プラザの総点検と「総点検市民会議」を軸とする2021年度の活動に取り組んだことで見えてきた、今後のコミュニティデザインへ向けての「論点」を中心に、以下簡潔に見ていきたい。

　この総点検自体は、2017年のオープン以来、多くの市民に利用されている同施設について、ハード・ソフトの両面から多角的な視点で点検を行うことで、施設をより良く活用することを目的としている。

　前年度に引き続き、やはり三鷹市での市民参加による「総点検」として、ぜひ21.5世紀型の新しい市民参加方法論につながるような活動でありたいと考え、そのための触媒となり得るプレイスメイキング、タクティカルアプローチといった方法を重視した。

　すなわち、長期スパンでの構想・計画よりも、市民の暮らしに沿ったショートスパンからの試行錯誤を大切にし、大所高所から「形成」したり「つくる」のではなく、持続可能で内発的な取り組みが重要だと考えた。

　そこでは、広場、サードプレイス、ソーシャルキャピタル、ネットワーキングといった社会デザインのキーワードとも親和性のある、一気に変革や変動を実現させるのではなく、例えばコミュニティデザインを積み重ねていった先に新たなデザインを実現するような考え方を基本に据えたいという思いを継続して大切にしている。また、建築物や建築空間を、その機能や役割、そこに行き来する市民の関係性から見ることによって、地域や社会（課題）との連結の可能性を追究しようとする視点の持続性に留意した。同時に、地域や社会（課題）の側から照らし出される点をできるだけ丁寧に抽出しようともした。

　既存の考えや、今計画に挙がっているものは可視化できるが、ま

だ見ぬものやこれから俎上にのぼせられるものについては、上記の方法論による創造力／想像力の「引き出し」が必要であり、徐々にそこが見え始めていると考えている。

来年度以降へ向けて、「オープンであること＋つながり（へ向けて開かれていること）＋ソーシャルキャピタル（社会関係資本）」への仕掛けとして、コミュニティや社会の課題との出会いと連結が生まれる方向として以下の4つの方向性を継続させつつ、さらなる深化を図る必要があることをあらためて確認している。

①複合施設から、諸機能融合施設へ、②ゆたかな場づくり（プレイスメイキング）へ向けての継続的改善、③21.5世紀の市民参加の推進、④市民知と職員参加の融合

まず、①については、スポーツ、子ども発達支援、総合保健、高齢者福祉、生涯学習、総合防災、そして「三鷹中央防災公園」という7つの機能の複合施設という特性を活かしながらも、フロアごとの活動の相互連携による諸機能融合施設を目指すことをさらに考えていきたい。建物の構造として、各フロアごとに活動分野やテーマが分断されがちな現状を変えていくために、「（各フロアの）縦連携」を目指した取り組みがその起点になるものと考える。

②については、1階や地下1階、駐輪場や公園など、多くの人が利用する「共有スペース」において、ゆたかな場づくり（プレイスメイキング）へ向けて継続的な改善に取り組むことが大事になってくる。そこでは、「居心地の良い場所」として市民に親しまれるサードプレイス性の追求を目指す意味で、多角的なワークショップ形式等による具体的な討議を継続深化させていく必要がある。

③については、利用者・市民の参加により、「魅力的な場づくり」を進め、多くの市民の利用はもとより、利用の質を深めていくアイデアを生み出すための「ウォークショップ（仮称）」など市民参加の具体的な仕組みをあらためて実現していきたいところである。そのためにも、コアとなる「人財」の輩出にも留意していくことが肝要と考えている。

④については、市民の知恵と助言者会議等の有識者の助言を融合させつつかたちにする「市民知」と職員参加による活動との融合を目指すことが肝要となってくる。これまでにも取り組んできた職員参加をさらに推進していく先に、ここでも新たな参加の方法論に結び付けていければと考える。

全体を通じて言えることとして、縦連携など「掛け算」の発想は今後も推し進めていきたい。社会デザインとは「関係性を編みなおし、活かす」ことであると考えれば、「掛け算」するところから、今後どういう風に新しい組み合わせを生み出していけるか、次のステップで職員も併せ、その発想をもってもらい新しい組み合わせを生み出すことにつなげていければと考える。そのためにも、＜健康×スポーツ＞など、対象をより明確にした上で、今後は各対象ごとの取り組みに発展させていきたいところである。

もし＜健康×スポーツ＞の発展版を考えるのであれば、例えば、「社会的処方」の視点から考えることも視野に入れていく必要を感じる。そこでの一種の文理融合視点は極めて重要な方向性ではないだろうか。

また、ウェルビーイング、ウェルネスツーリズム[8]といった新しい分野についても、掛け合わせのヒントとして今後検討していっていよいのではと思っている。

2022年度はいよいよ実践、実証実験に入っていく年度となるため、対面要素も入れていいかたちでの実施を意識し、職員参加のワークショップ等についても参加者の理解が深まるような場をより意識して実現していくことを重視したい。例えば、「フューチャー・デザイン」[9]などについては、参加する利用者・市民・職員に、「場をつくる」意味合いを理解してもらうためのインターフェイス（接合面）をしっかりつくっていく必要があると考える。

これらを推進するための調査（インタビュー、フィールドワーク）、セミナー、ワークショップ等の実施はもちろんだが、それらを踏まえ、並行させつつ、明解な方向性を議論し打ち出せるダイナミック

な「場」づくりが必要ではないかとあらためて考えている。大学や研究者が関わっての単なる調査報告で終わりではなく、実践的なコミュニティ・オーガナイズのための場が立ち上がってくるそのときにこそ、バージョンアップした「三鷹らしさver.x」が可視化されるときが来ると、私見では感じている。

　この取り組みは、個別具体の事業のかたちを採りつつも、①「社会を良くする」ちょっといいアイデアやスキルにとどまることなく、問題の解決へ向け、変革を現実のものにして「社会を変えていく」粘り強いプロセスを歩むこと、②そのための構造的な探究はもとより、社会の現場と往復し、当事者性と内発性をそなえた実践的なモデルやプランを連続的に産み出して行くこと、③他者（の生活）と出会い、交信し、関係性を生かし編み直していくこと、といった社会デザインの実践として、「デザインをデザインし直す」ことからさらに21.5世紀の参加型地域形成のための＜ソーシャルガバナンス＞にもつながり得る大きな射程に連なるものと位置付けられるはずである。

おわりに

　21.5世紀の空間と社会のデザインへ向けて、最後に文明社会の危機管理という側面に引き寄せながら、ソーシャルガバナンスとしての総合性の必要を強調しておきたい。

　いまやどこでも必ず語られるようになったといっても過言ではないSDGsになぞらえてみよう。忘れてはならないのは、17の分野別目標と169のターゲットの個別追求にとどまらず統合された実行が必要とされている点である。環境指標が実現されなければ、社会経済指標の土台は崩れてしまう。

　人類が生み出したシステムによりもたらされた危機に取り組むには、経済活動が前提としてきた枠組みの変更へ向けての企業間の協働に加え、セクターの壁を超えた協働が求められる。短期的な実利

優先を超えて新しい発想の投資を呼び込めるブルーエコノミーやサーキュラーエコノミーなど「人新世」の社会空間デザインの構築と実現は、コロナ禍においてますます最重要課題のひとつになってきたといっても過言ではない。そこでは、利他性に基づく共感資本社会の構築へとつながり得る活動の力に大きく期待したいと考えている。

1 これは社会運動論（を学ぶということ）について大畑裕嗣とやりとりする中で大畑が発した言葉であり、私にとってこの投げかけは社会デザインをめぐって「深く考えるということ」につながるインパクトをもった問いかけであった。
2 ジョセフ・ヒース＆アンドルー・ポター著／栗原百代訳、『反逆の神話―カウンターカルチャーはいかにして消費文化になったか』NTT出版、2014（新版、ハヤカワ文庫NF、2021）
3 宮崎省吾『いま、「公共性」を撃つ―〈ドキュメント〉横浜新貨物線反対運動 (復刻・シリーズ1960/70年代の住民運動)』創土社、2005
4 今井照『地方自治講義』ちくま新書、2017
5 オーウェン・ジョーンズ著／依田卓巳訳、『チャヴ―弱者を敵視する社会』、海と月社、2017
6 中村陽一・高宮知数・五十嵐太郎・槻橋修編著、『新しい空間と社会のデザインがわかる ビルディングタイプ学入門』誠文堂新光社、2020
7 レイ・オルデンバーグ著／忠平美幸訳『サードプレイス―コミュニティの核になる「とびきり居心地よい場所」』みすず書房、2013
8 荒川雅志著／NPO日本スパ振興協会編著、『ウェルネスツーリズム―サードプレイスへの旅』、フレグランスジャーナル社、2017
9 西條辰義・宮田晃碩・松葉類著、『フューチャー・デザインと哲学―世代を超えた対話』、勁草書房、2021

五十嵐 太郎

変容する住宅とオフィス

2020年に世界を覆ったパンデミックは、これまで当たり前とされた社会の状況を根本から変えてしまった。今後、その影響がいつまで続くのかは、まだわからない。だが、仮に完全に収束したとしても、まったく以前の状況に戻ることはないだろう。なぜなら、それまで遅々として進まなかった情報化が、未曾有の危機に際して、一気に進んだからである。例えば、大学は、小中高の学校やオフィスに比べて、厳しい措置が求められているが、オンラインの講義やゼミ、あるいは会議が瞬く間に普及した。そしてやれば、できないことはないことが判明した。特に会議や大人数の座学形式の講義などは、必ずしもリアルでなくてもよいのではないかと感じている。一方で、少人数のゼミや設計課題などの演習は、やはり対面の方が効果的だと思う。つまり、従来はすべてが対面だったものが、あらためて対面かオンラインか、という選択肢が生まれたのである。またおそらく企業も、全員が同じビルに毎日、出社しなくても、在宅のリモートワークで何が可能か、ということも学習したはずである。

例えば、2021年2月、ZOZO TOWNを運営するZOZOは、海浜幕張のオフィス街から、西千葉の住宅街に本社を移転した。ビルのテナントではなく、中村拓志＋竹中工務店の設計によって低層の新社屋を建設しており、全面ガラスの開口によって、街とつながるオフィスを演出するだけでなく、執務空間もまるでホテルのゆったりとし

写真1 新国際学生寮のポット（筆者撮影）　**写真2** オンデザインの新国際学生寮（筆者撮影）

たロビーのようである。またジャン・プルーヴェの家具の横には、美術やデザインの洋書をそろえたライブラリーも備えていた。さらに道路の向かいに「ZOZOの広場」を先行してオープンしたのも、オフィスとしては異例だろう。担当者によれば、コロナ禍を受けた移転ではなく、だいぶ前から計画していたプロジェクトだが、コロナの終息後に週2出社・週3リモートワークの新しい働き方に移行するという。

　大学では、学生が集まることが許されないため、教室に行けず、孤立化が起きやすくなっている。しかし、こうした状況を回避するような共有の空間を体現していたのが、コロナ以前に竣工した神奈川大学の新国際学生寮（2019）（**写真1、2**）だ。オンデザイン・パートナーズ（萬玉直子＋西田司ほか）が設計したものである。210室の学生寮は住宅地に建つため、外部のデザインは抑え、内部に展開する4層の吹き抜け空間を活用し、ユニークな居場所を創造した。すなわち、大人数が集まるホールではなく、「ポット（器）」と呼ぶ、10平方メートル程度の小さい交流の場を散りばめたことが最大の特徴である。ポットは階段の踊り場が膨らみ、成長したような、吹き抜けに浮かぶ居場所だ。これは意外にありそうでなかった空間の形式の発明である。

　留学生とのワークショップを通じて、アイデアを募ったという19のポットは、驚くべきことに、用途、什器、形状、仕上げがすべて違

う。例えば、シェア本棚、DIY、展示、ソファ、ベンチ、黒板塗装の壁、防音仕様の部屋、畳、絨毯、人工芝など、立体的な路地のような居場所の多様性が圧倒的だ。踊り場以外にも、吹き抜けに面した廊下のコーナーポットや、随所に設けられたシェアキッチンがある。「まちのような学生寮」をコンセプトに掲げたように、あちこちで人の動きや交流を可視化する楽しい空間だ。一方、個室は8平方メートル程度のコンパクトなサイズであり、共有空間は様々な方法で使い倒されている。なお、1階は居室がなく、寮生のためのキッチンやスタジオのほか、寮生以外も使う部屋が並ぶカルチャーストリートを設けている。建築の外に出なくても、街のような空間があり、学生同士の出会いを誘発する寮だろう。

　ともあれ、コロナ禍は、すでに始まっていたオンライン化をいやおうなしに加速させた。もともと筆者は大学の業務以外の、すべての原稿執筆に関しては、家でこなしていたが、講義もゼミも委員会も、自宅で（いや、自宅以外の出先や移動中でもネット環境さえあれば）対応できる状況を体験した。また多くのオフィスワーカーは、満員電車に押し込められながら、通勤する必要がなくなり、家で過ごす時間が格段に長くなっていたはずである。コロナ禍にインターネットでオフィスチェアを調べていたら、やはり品薄になっており、自宅用での購入が増えたからではないかと思う。かくして、家でもできることの多さに気づいた後は、リモートで可能な業務に関しては在宅ワークのスタイルがある程度、残るだろう。そうなると、外で働くという前提でつくられる住環境は変化が求められるはずだ。また通勤がなくなることによって、生活の時間にも余裕が生まれるだろう。

　もちろん、家で過ごす時間が増えるのだから、ただ帰って寝る場所ではなく、もっと快適な空間が必要となる。そして家でも仕事をしやすい空間を整備したくなるだろう。それはシンボリックな書斎ではなく、実際に機能する小さな仕事場である。つまり、ル・コルビュジエらが提唱したゾーニング、すなわち家と仕事場は別のエリ

アに区分けするという近代都市の大きな前提は崩れてしまう。新築であれば、最初からそれが与件となるケースが増えるだろうし、既存の住宅でもリノベーションが検討されるはずだ。まず住宅が変わり、それがオフィスに影響し、やがて都市も変えるかもしれない。もっとも、仮にコロナ禍がなかったとしても、すでに情報のインフラが存在したわけだから、時間はかかっても、社会は同じような方向性に進んだはずである。したがって、こうした新しい状況を、コロナ禍による特殊な要因を切り離して、ビルディングタイプの未来を考えることもできるだろう。

ビルディングタイプの融合

『ビルディングタイプ学入門』(誠文堂新光社、2020) に寄稿した序論と少し重複するが、ここでおさらいを兼ねて、ビルディングタイプの歴史と理論をあらためて振り返っておく。

近代社会は、産業革命によって誕生した。そして社会の構造が大きく変化すれば、当然、建築家の仕事も変わる。近代以前の建築家は、もっぱら宗教施設、もしくは王や貴族のための館を手がけていた。しかし、近代以降は、爆発的に増加した中間層の人々のために、居住の問題が浮上する。そこで建築家は新しい都市計画を構想し、戸建て住宅や集合住宅を設計するようになった。建築と社会の関係を考えるとき、必然的にビルディングタイプという視点が必要になるだろう。ビルディングタイプとは、学校、図書館、病院、監獄など、施設の種類を意味する。言うまでもなく、各種の役割をもつ施設の集合によって、我々の社会は秩序を維持している。そして建築計画という学問は、純粋なビルディングタイプこそが、機能的なものだと信じ、それぞれに効率的な空間のつくり方を研究しながら、近代の要請に応えてきた。

20世紀後半のポストモダンは、複雑な形態の操作を行うエリート的な形式論と、コミュニケーションを重視する大衆的な意味論に二

極化した。これらに対抗したのが、社会性を再び建築に導入し、機能を再考する議論である。かくして、近代建築が無視した、複数の用途が融合する不純なビルディングタイプが注目されるようになった。

　ベルナール・チュミは、パリの五月革命が起きた1968年に、カルチェ・ラタンの街路がバリケード化した出来事や、現場の材料を拝借して、ゲリラ的な構築物が路上につくられたことに衝撃を受け、空間の利用法を深く考えはじめた。モノの機能は固定されていない。一方的に与えられるのではなく、使用者によって新しい機能は発見される。そして彼は、現代都市は形態と機能が断絶しているとみなす。これはモダニズムの有名な言葉、「形態は機能に従う」（ルイス・サリヴァン）に対する痛烈なアンチテーゼである。チュミの代表作であるラ・ヴィレット公園（**写真3**）のデザインでは、フォリーと呼ばれる形態と機能が無関係な赤い構築物を点在させた。さらに「ディスプログラミング」と呼ばれる、以下のような建築のあり方を提案する。第1に、不可能なプログラムを想像してみること。例えば、小さいソーホーに大きなスタジアムを建設する。第2の「クロスプログラミング」は、施設を意図されない用途に転換すること。例えば、教会をボーリング場にする。そして第3の「超プログラミング」は、相いれない機能を合成すること。例えば、プラネタリウムとジェットコースターの融合である。実際、彼はフランス国立図書館のコンペ案において、図書室の上に、無関係なランニング場をのせるという大胆な提案を行う。だが、やはりというか、さすがにこれは落選している。

　レム・コールハースは主著の『錯乱のニューヨーク』（筑摩書房、1999）[1]において、マンハッタンの近代を分析しながら、資本主義が過密都市を育成し、反モダニズム的な摩天楼を登場させたことを指摘する。そして高層ビルの内部に、オフィス、居住施設、飲食店、アスレチッククラブなど、異なるプログラムが同居することを重視した。つまり、純粋なオフィスビルではない。垂直方向に異なる機

写真3　ラ・ヴィレット公園の模型（筆者撮影）

写真4　OMAによるコングレスポ（筆者撮影）

写真5　コンピュータ・エイデッド・シティの模型
　　　　（筆者撮影）

写真6　メイド・イン・トーキョーの「パチンコ・カ
　　　　テドラル」（筆者撮影）

能が積み重ねられ、ひとつの建物に複数のビルディングタイプが混在する。コールハースは、展示場、3つの会議場、ホールを合成したコングレスポ（1994）（**写真4**）も手がけた。後に彼は「ビッグネス」の論考において、規模の問題を考察し、様々な機能をまるごと飲み込むような超巨大建築の誕生を予言している。また磯崎新は、コンピュータ・エイデッド・シティ（1972）（**写真5**）という情報都市のプロジェクトを提案した。当時はコンピュータが一般に普及していなかったが、興味深い都市の分析を試みている。彼によれば、情報化が進むと、役所や議会、図書館や美術館など、個別のビルディングタイプをつくる必要がなくなり、のっぺらとした皮膜

によって、すべての機能を包む込むような空間が生まれるという。70年代のコールハースや磯崎の議論は、いずれも単一機能を前提としたモダニズムの建築に対するカウンターだった。

　1990年代の後半、日本の建築家アトリエ・ワンらは、メイド・イン・トーキョー（**写真6**）というフィールドワークのプロジェクトを通じて、近代的な計画学が異端視する東京の複合施設を評価した。そして複数の要素が複合した物件にユーモラスな名前を与えている。例えば、デパートの屋上が高速道路になっている銀座の「ハイウェイデパート」、コンクリートミキサーと社宅が合体した「生コンアパート」、スーパーマーケットの屋上が自動車教習所になった「スーパーカースクール」などだ。チュミも東京の混乱に注目していたが、そのディスプログラミングは機能的ではなく、役に立たない。ある意味でロートレアモンの言葉、「ミシンと蝙蝠傘との解剖台の上での偶然の出会い」のように、シュルレアリスムのデペイズマン的だ。ちなみに、もともとチュミは、シュルレアリスムを受け継ぐシチュアシオニストという文化運動に影響を受けていたから当然かもしれない。一方、メイド・イン・トーキョーは、建築家の作品ではなく、決して美しくはないが、経済原理が導く超機能主義であり、大変に便利な施設だ。ゆえに、コールハースの視点に近い。なお、アトリエ・ワンは貴族的／大衆的、美／醜、善／悪、建築／土木などの区別を付けず、周囲の環境をフラットに観察すべきだという。かくして彼らは、ダメとされた日本の混乱した風景を再評価する。

図書館における複合化

　チュミはやや荒唐無稽なディスプログラミングを展開したのに対し、コールハースは過去のマンハッタンの摩天楼における機能の複合化、アトリエ・ワンは現代の東京の超機能主義を発見した。これらの建築論は、従来の複合施設があまり評価されていないという前

写真8　せんだいメディアテーク（筆者撮影）

写真7
BOOK AND BED TOKYO（筆者撮影）

提だった。が、近年は、実際に建築家が手がける公共施設に複合化の事例が増えている。とりわけ、図書館において、その傾向は顕著だろう。本が置かれた居場所は、他のプログラムと接続しやすいのかもしれない。ちなみに、公共施設以外でも、東京・二子玉川の蔦屋家電（2015）や大阪の枚方T-SITE（2016）、「泊まれる本屋」をコンセプトにした池袋のBOOK AND BED TOKYO（2017）（写真7）、季節の野菜を楽しむ京都のブックカフェ・本と野菜OyOy（2020）など、本をコンテンツに加味した様々なタイプの商業施設が登場している。

　図書館の歴史という視点から考察しても、21世紀の初頭は変革期を迎えている。すなわち、情報化時代における図書館像の模索、街に開くこと、ワークショップによる住民参加、リノベーションの増加、指定管理者制度の導入などの新しいトピックが挙げられるからだ。そして目立つのが、単一機能のビルディングタイプという近代のモデルを脱し、ホールや美術館など、別の機能を組み合わせた図書館の増加である。その象徴的な存在が、伊東豊雄のせんだいメディアテーク（2001）（写真8）である。これは従来の常識的な柱の概念を覆す、うねるチューブなどの実験的なデザインによって、情報化時代の空間モデルを提示しただけでなく、展示ギャラリーを併設する複合施設だった。そしてコンビニのような開かれた施設への志

写真9　隈研吾による富山市立図書館の吹き抜け
（筆者撮影）

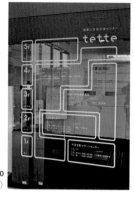

写真10
須賀川市民交流センターtette（筆者撮影）

向は、ガラスの透明性によって表現され、久米設計の山梨県立図書館（2012）などにも認められる。

　カルチュア・コンビニエンス・クラブ（CCC）が運営する武雄市図書館・歴史資料館や多賀城市立図書館は、公共施設らしくない、おしゃれなカフェを併設し、市民で賑わっている。なお、図書館に限らず、蔦屋書店やスターバックスコーヒーが、ホールなどの公共建築に当たり前のように入るようになったのも、近年に目立つようになった傾向だろう。また本来は異なる機能だった建築を転用したリノベーションとしては、20世紀初頭の紡績工場を活用した洲本市立図書館（1998）や、小学校を漫画（！）の図書空間に変えた京都国際マンガミュージアム（2006）が挙げられる。ワークショップの関連では、当初予定はなかったが、市民の意見を取り入れて図書館のプログラムを組み込むことになった新居千秋による大船渡市民文化会館・市立図書館／リアスホール（2008）が興味深い。

　ほかに図書館を核とする複合施設を紹介しよう。磯崎新の山口情報芸術センター（2003）は、メディアアートの美術館と図書館が合体したものだ。日建設計による福山市まなびの館ローズコム（2008）は、歴史資料室、生涯学習プラザ、子育て支援などを備えている。岩手県の紫波町図書館／オガールプラザ（2012）は、飲食店、

医療施設、子育て支援、情報交流館など、多機能をもつ。隈研吾の富山市立図書館本館／TOYAMAキラリ（2015）（**写真9**）は、低層部にオフィスやショップ、斜めにのびる吹き抜けを介して、上層部にガラスの美術館を組み込む。平田晃久の太田市美術館・図書館（2017）は、2つの施設を空間的に絡ませている。長崎県の佐藤総合計画によるミライon図書館（2019）は、歴史資料館やギャラリーなどがある。

　複合化の代表的な事例として、石本建築事務所＋畝森泰行建築設計事務所が設計した福島県の須賀川市民交流センターtette（2019年）（**写真10**）を詳しく見よう。これは30回以上に及ぶ市民ワークショップを通じて、計画が検討された東日本大震災の復興プロジェクトであり、被害を受けた福祉センターの建て替えに際し、老朽化した図書館と公民館、子育て支援の場、そして同市の出身ということで特撮監督の円谷英二のミュージアムなどを合体させた。多機能ゆえに、実際は巨大な建築だが、外観はスラブ（床）をずらしながら、前面道路に対して後退させたり、様々な庇とテラスを張りめぐらすことによって、ヴォリュームを小分けに分節し、圧迫感はない。

　建物の奥行き方向も100メートル以上と長いが、1階は前後の敷地の高低差約2.5メートルを緩やかな斜路でつなぎ、地形を延長したかのようなストリートが室内を貫通する。室内の特徴は、あちこちに異なるサイズや形状の吹き抜けを設けることによって、多様なプログラムが相互浸透する空間構成だ。また吹き抜けに面して、宙に浮かぶスロープや階段を効果的に配し、散策する楽しみをもたらす。この空間に身を置くと、自然に歩き回りたくなるだろう。なお、上下のテラスも屋外階段によって連結している。図書館は、やはり閉じた空間ではない。館全体に本を置く場を散りばめつつ、そのディスプレイの方法がいろいろ工夫されている。本棚の近くには、テラスやサンルームも随所にあり、いろいろな居場所を見いだすことができる。

地域社会と宗教建築

　次に日本の宗教建築を検討しよう。

　コロナ禍によって非常時の国家における病院の役割があらためて関心を集めたが、歴史をひもとくと、寺院は無関係ではなかった。キリスト教の布教とともに、日本に西洋的な病院が登場したのは近世だが、それに類する施設はむしろ寺院が早い時期から担ったからである。つまり、かつての仏教建築の役割は、病院と近接し、長い間医療を支えていた[2]。593年に聖徳太子が創設した四天王寺には、「療病院」「悲田院」「施薬院」があったという。特に療病院は公衆的な性格をもち、日本の病院の起源だと指摘されている。なお、悲田院は身寄りのない者の収容所、施薬院は薬草の栽培と薬を施す場だと考えられていた。また680年に天武天皇は、病人を収容し、治療を行う舎屋を寺院付属として建設する勅令を出している。そして聖武天皇は、東大寺を含む70以上の国分寺を建立し、それぞれに悲田院と施薬院が設置された。

　鎌倉時代になると、僧侶の学問探求が活発化し、医療救済も始めたという。当時は蒸し風呂による施術が重視された。いわゆるサウナ、蒸し風呂である。13世紀に真言律宗の僧、忍性は、福祉事業に勤しみ、奈良に大規模な18間の長屋「北山十八間戸」を建て、特にハンセン病患者の世話に努めている。これは日本最古のハンセン病施設だ。さらに彼は、鎌倉幕府の庇護のもと、桑谷の極楽寺の近くに日本初の病院というべき「桑谷病舎」を創設し、多くの患者を受け入れた。当時の絵図によれば、境内の外周部に施療院、施薬院、悲田院、ハンセン病宿舎、病馬用病舎が散りばめられている。こうした施設は、病人を日常生活から隔離しつつ、収容する役割をもつが、新型コロナウイルス感染症患者をどのように扱うのか、という問題と共通するだろう。だが、近代以降は病院の施設／制度が浸透し、宗教からは切り離された。したがって、現代において病院の役割を寺院に期待することは難しい。とはいえ、公共性を意識した開

写真11 宝性院の観音堂（筆者撮影）

写真12 パーシモンヒルズ・アーキテクツによる
宝性院の観音堂の入口周辺（筆者撮影）

かれた寺院も登場している。

　パーシモンヒルズ・アーキテクツは、埼玉県の宝性院において、本堂に続く参道の脇に観音堂（2017）（**写真11、12**）を設計した。特徴は大きな切妻屋根をメッシュ状に登り梁が交差する特殊な木の構造によって支え、ダイナミックな無柱の空間を成立させていること。また妻面にガラスが入り、奥にある不動堂の入母屋屋根の妻面がちょうど観音像の上に見える。すなわち、宗教建築がもつ屋根の象徴性を継承しながら、天井は現代的なデザインなのだ。もっとも、頭上の構造は、プランや間取りと切り離されることで、自由に使える空間を人々に提供している。宝性院観音堂は、地域コミュニティの活用も想定してつくられた。近代において仏教建築は、公共空間としての可能性が議論されたように、神社に比べて、まちの集会所的な機能をもちやすいが、ここは実際にマルシェ、ヨガ、寄席、結婚式などにも使われている。

　特筆すべきは、奥に向かう宗教的な軸性に対し、直交する横の軸をもち、南の側面が完全に開くことだろう。約12メートルの大スパンにはめたガラス戸をすべて収納すると、中庭へと続く縁側に変化し、内外ともに靴で歩ける大きな空間が出現する。その結果、外部空間の参道と一体化するわけだから、密を避けた風通しの良い場だ。つまり、これは象徴的な屋根が、コの字型の壁にのることによって、奥に向かう宗教性と、横に開く公共性の2軸が共存するユ

写真14 分割造替した金峯神社の本殿(筆者撮影)

写真13
金峯神社の拝殿(筆者撮影)

ニークな宗教建築である。視線が集中する奥に礼拝の対象を置き、前に進むにつれて聖性が強くなる構成はいわば宗教建築の定番だが、同時に真横に対しても思い切り開くデザインは、新しいタイプの空間と言えるだろう。なお、観音堂の道路側は、折り返しのスロープをギャラリーとして使えるなど、お茶会や展覧会、様々な掲示ができる導入の空間がさらに付随している。

　近代以降の仏教建築は防火のためにコンクリート化されたり、過激な造形が登場するなど、デザインの変化が認められるが、一般的に神社建築は木造にこだわり、デザインも保守的だった。しかし、高知県の山中にたつ金峯神社(2017)(**写真13、14**)は、極限的な状況を受けて、神社としては珍しく、実験的な建築に生まれ変わった。台風の直撃で社殿がひどく損傷したものの、過疎地で少人数の高齢者しかいないため、修復する余裕がない。また急傾斜の階段の先にある狭小の敷地であり、登るのも大変だった。そこで地元の大学で教鞭をとる建築家、渡辺菊眞は社殿を二分割することを提案した。すなわち、拝殿は麓の住宅の隣地に移動し、本殿はそのまま旧社地のエリアに再建したのである。その結果、氏子が参拝しやすくなり、十数年ぶりに拝殿の例祭が復活した。ただし、両社殿ともに、聖地の御在所山に向かう軸線は維持している。

画期的なのは、構法と材料だ。ホームセンターで購入できる工事現場の足場用の鋼管で軀体をつくり、スギの板材で屋根を葺き、防水用にポリカーボネート波板で仕上げる。しかも土砂崩れの影響で少しズレた場所で再建した本殿は、下に車輪を付け、本来の位置への移動も可能だ。なお、江戸時代の小さな春日造の社だけは保存し、新しい本殿の内部に鞘堂形式で格納している。いずれの社殿も、総工費は約30万円、工期は1週間であり、研究室の学生と自力建設を行った。ラディカルな外観だが、拝殿は三角の切妻屋根が大地から立ちあがり、本殿は幾何学的な春日造としても解釈できるので、神社建築の根源的な姿のように見える。日本中の過疎地では、ここと同様、神社の維持が厳しくなっているはずだ。とすれば、金峯神社の分割造替は、現在の神社を取り巻く状況に対する、ひとつの解決策として重要な試みだろう。

「アフターコロナの世界」とは?

ところで、2020年に筆者は「アフターコロナの世界」というアイデアコンペの課題文を作成し、審査委員長を務めた[3]。そこでコロナ禍によって様々な活動が制限されたことを受けて、以下のように主旨を記した。「不自由な生活を、未来を考える時間として捉え、歴史的な変革に向きあう機会としてコンペティションを開催します。危機と共存するアフターコロナの世界において、都市と建築はどうなるか、あるいはわれわれがどのような空間を生きるのか、多様な提案を期待しています」。実際、マスクに関するプロダクトから、布を用いた緩やかな間仕切り、そして減築や未来の都市イメージまで、いろいろな案が寄せられたが、特に興味深く感じたのは、既存のビルディングタイプを再編するようなアイデアが少なくなかったことだった。なるほど、リモートワークが一気に普及し、自宅とオフィス、あるいは学校の間を通勤・通学する普通の生活が、いとも簡単に変化している。ゆえに、コロナ禍を完全に克服したと

しても、一度、新しい生活の様式を体験した後は、まったく昔と同じ状態には戻らないだろう。とすれば、これまでのビルディングタイプの分節、すなわち住宅／オフィス／商業施設／公共施設といった境界は仕切り直されるはずだ。

　いくつかの事例を紹介しよう。コンペ案のタイプとして多かったのは、リモートワークによって面積が余ることから、オフィスビルのヴォリュームをかきとったり、逆に家で働くケースが増えることから、住宅地に＋αの機能を付加するものだった。例えば、竹内萌恵の「ハコを梳く」は、ビルのワンフロアをぶち抜き、そこにカフェやキッズルームを挿入する（図1）。佐伯裕武の「間合いの美学」は、ビルに多くの余白をつくり、各フロアに通り土間がある空間をつくる（図2）。また樋口貴大の「外の部屋」は、住宅地において外に開かれた部屋を付け足すという提案だ（図3）。齋藤二千華の「+one」も、ステージや図書館など、地域のコミュニティ空間となり得る新しい機能をひとつ住宅に加えることで、周りとの関係性を生みだそうとする（図5）。

　議論の結果、金賞に選ばれたのが、古屋雅之／野上将央／轡田真波の「dual architecture」である（図4）。これは密集の元凶とされるスタジアム建築を再考し、ランニングやエクササイズの機能を加えることで、イベント時だけでなく、日常でも使える健康維持の施設に変えるものだ。つまり、観戦の場が運動の空間と同居し、ソーシャルディスタンスのために、まばらに配置された座席の間を縫うように、ランナーが走るシュールな風景が出現する。ややユーモラスな複合施設ゆえに、チュミのディスプログラミング論をほうふつさせるだろう。一次審査の後、応募者は組織設計事務所のメンバーだと判明したが、大人がまじめにバカなことを考えているノリもとても良かった。新しい発想は、こういう場面から生まれるのではないか。

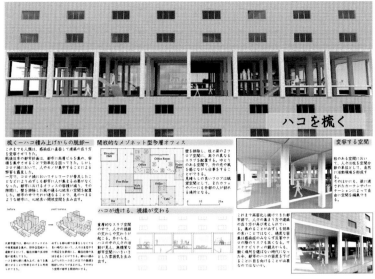

図1　竹内萌恵「ハコを梳く」

図2　佐伯裕武｜間合いの美学」

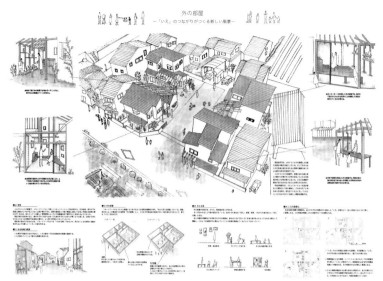

図3　樋口貴大「外の部屋」

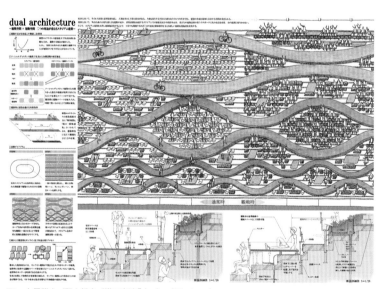

図4　古屋雅之／野上将央／轡田真波「dual architecture」

+one ~住宅を都市空間としてつくり変える~

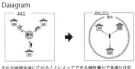

Daiagram

世の中では新型コロナウイルスの影響によってリモート化が進んだことで、人々の働き方や生活スタイルは大きく変化し、私たちは通勤や移動などの非効率さを目の当たりにした。また、このコロナが収束したとしても在宅ワークなどの働き方、地域内で完結できる生活スタイルというのは世の中で増えるだろうと考えられる。そこで私たちは、今まで住宅から電車や電車で移動し、利用していた都市機能を家族の趣味嗜好や職業、立地条件などを反映した空間や場所、機能として住宅に +one することで、そこのなかでコミュニティを開き、それが地域全体に広がることによってできる個性豊かで多様な住宅街を提案する。提案する上で私たちはメンバーの1人の地域形態を参考に立地条件をピックアップし、周辺環境を取り込んだ住宅の新しい思想やコミュニティを考えた。また、アフターコロナの住宅では、地域のコミニティ空間となる +one の都市機能の付加以外に家中オフィスとしての作業部屋、それに伴って起こるであろう寝室の縮小化なども考慮した。

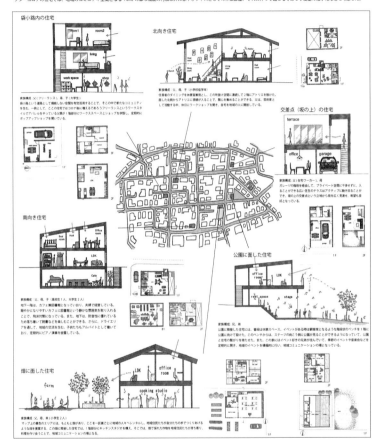

図5 齋藤二千華「+one」

分散型の都市モデル

　日本にとっては横浜港に停泊したクルーズ船の集団感染がプロローグとなり、すぐに列島全体がクルーズ船と化した。当初の報道で思い出したのが、18世紀から19世紀にかけて、イギリスの川岸や海岸に係留された牢獄船である。監獄に囚人が溢れ、廃船を活用したが、衛生状況が悪く、多数の死者が出たという。クルーズ船の旅は筆者も経験したことがあるが、超高層ビルを横倒しにしたサイズよりも大きく、旅客と乗組員を合わせると4千人を超え、動く小都市というべき乗り物だ。が、空母でも感染が発生したように、一度、閉鎖された環境で感染が始まると、手に負えない。一方で陸地との隔離や機動性ゆえに、病院船の存在も注目された。実は空気の流れが、病院建築の重要な課題として認識されたのも、衛生観が変化した18世紀に遡る。ウイルス学の登場前だが、腐敗した空気は害を及ぼすと考えられたからである。その結果、18世紀末には呼吸する機械としての病院が、建築家によって提案されていた。

　実は白色を好み、「衛生陶器」と揶揄されたモダニズムの建築も、衛生の観念から、風通しが良い空間を目指していた。例えば、ル・コルビュジエのサヴォア邸におけるピロティは、建物の本体をじめじめした地面から切り離して持ち上げ、風を通すことも意図している。実際、近代以前のヨーロッパでは、石やレンガによる組積造の建築が発達したために、壁が圧倒的に多く、開口部の大きさには限界があった。それに対し、もともと木造による柱梁の軸組構造がメインだった日本の建築は、襖や障子などの建具を取り除くと、ほとんど吹き放ちの空間となる。すなわち、風通しが良い。なお、ル・コルビュジエが提案した屋上庭園も、日光を浴びる運動を想定している。彼がパリの中層の街並みを否定したのも、集合住宅を高層化すれば、足元の開放が可能となり、都心に緑地や公園を増やし、衛生的な都市が成立するからだ。

　しかし、コロナ禍においては都市の密集状態こそが、最大の危険

である。ル・コルビュジエやマンハッタンの効率的な人口集中モデルに対し、一人当たり1エーカー（＝約4,047平方メートル）を所有するという圧倒的に低密度のイメージが、1930年代にフランク・ロイド・ライトが提唱した、田園に分散して居住するブロードエーカー・シティである。集中しないのだから、もはや「都市」と呼ぶべきではないかもしれない。彼の構想は、すでに電力化された社会におけるラジオや電話などの存在を前提としていたが、ネットの通信技術が発達した現在、遠隔の仕事やコミュニケーションはさらに簡単なものになっているだろう。ライトは、アメリカらしく、自動車による移動を想定し、ドローイングでは未来的な空を飛ぶ乗り物も登場していたが、ギリシャの建築家、タキス・ゼネトスは、1960年代から70年代にかけて、在宅によるテレワークを推進したエレクトリック・アーバニズムを積極的に提唱していた。

非密集の空間形式

　コロナ禍において芸術は不要不急の対象とされ、特に三密がそろう音楽や演劇は、大きなダメージを受けた。そうした最中の、しかも厳戒態勢だった2020年4月から5月にかけて執筆されたのが、岡田暁生の『音楽の危機』（中公新書、2020）である。ゆえに、戦時下の状況や現代音楽の実験など、過去の様々な事例を参照しつつ、逆に常時では考えることがなかった音楽の分析と可能性に踏み込む。まず、著者は特別な場に人が集まるという文化の起源を想起しつつ、「コンサートの目玉としての『交響曲』のジャンルこそ、『文化の殿堂』として近代社会が考える『文化』のアイコン」だったという。その理想的な作品が、ベートーヴェンの「第九」である。が、それがまさに実現できなくなった。一方でオンラインの配信や録音された音の鑑賞など、代替する受容の方法が増えたとはいえ、「空気振動をリアルタイムで共有する芸術形式」、すなわち生の音楽とは決定的に違う。

本書が興味深いのは、根本的な危機を新しい音楽を生みだす可能性として捉えていることだ。例えば、4台のヘリコプターに乗って別々に演奏した音を劇場に中継したシュトックハウゼンの「ヘリコプター弦楽四重奏曲」や、わざと奏者を混乱させ、ズレを生じさせるようなミニマル・ミュージック。前者は集まって演奏する形式、後者はぴったりと合わせるという音楽の時間構造に疑義を呈する。岡田は、今こそ、前衛的な試みによって、長く続いた近代の枠組を超え、明日のモデルを作曲家が提出すべきではないか、という。また最終章は、ビルディングタイプの議論でもある。クラシック音楽は、「人を詰め込めるだけ詰め込む」閉じたホール空間とセットで発展した。しかし、コロナ禍の制限を逆手にとって、演奏者や鑑賞者の配置を大きく変えたとしたら、あるいは古来の芸能がかつてそうだったように、密閉しない場を用意したら、新しい音楽が生まれるかもしれないと述べている。ちなみに、ルイジ・ノーノのオペラ「プロメテオ」の演奏を前提とした磯崎新の秋吉台国際芸術村（1998）における多焦点かつ群島状の空間をもつホールが、従来の形式を壊すホールとして挙げられていた。

　そもそも従来、人が集まるのは、良い建築であると、無条件で考えられていた。しかし、コロナ禍において、その前提が完全に覆ったのである。どうすればいいのか。筆者の頭に浮かんだのは、2003年に藤本壮介が安中環境アートフォーラムのコンペ最優秀案（計画が凍結され、実現せず）で示した空間モデルだった。これはアメーバのような輪郭の建築であり、空間の形式として説明すると、ヒトデの触手のごとく突き出した空間が並ぶが、閉じた部屋ではなく、それぞれは中央に向けて開く。ゆえに、隣の空間とは二重の壁で仕切られているが（たぶん音は聞こえる）、壁で隔てられていない対面の空間とは大きな距離がある。つまり、集まっているけど、同時に離れてもいるのだ。これは実際に住宅で応用されたように、スケールを変えたり、かたちを調整することで、様々に汎用できる空間モデルだろう。

建築は社会の動向を反映する空間の器である。では、今後、さらにオンライン化が進むと、建築は不要になるのだろうか？　いや、そうではあるまい。おそらく、逆にリアルな空間の価値もあらためて見直されることを意味するはずだ。とすれば、大都市のオフィスビルに多くの座席を効率的に配置する計画は必要なくなるが、人が集まる場そのものが完全に消えることもないだろう。その結果、ぎゅうぎゅうに詰め込まない、空間にゆとりをもったオフィスや商業施設が増えるのではないか。これはまさに建築家が得意とする仕事である。一方で効率的なレイアウトだけをこなし、機械的に計画するような建築家は淘汰されるかもしれない。したがって、空間の価値を生みだせる建築家こそが、ビルディングタイプのこれからに向きあうことになる。

参考文献
1 レム・コールハース著／鈴木圭介訳、『錯乱のニューヨーク』、筑摩書房、1999
2 福永肇著、『日本病院史』、ピラールプレス、2014
3 https://www.aftercoronacompe.net/

磯 達雄

建設される未来都市：現在

　マスダール・シティは、アラブ首長国連邦の首都アブダビの郊外、砂漠の真ん中に新設された人工都市である。開発の主体はアブダビ未来エネルギー公社で、アブダビ政府が資金提供を行っている。昼間は摂氏50度にも達する灼熱の地で、先端的な環境技術を駆使したゼロエミッション都市をつくることを狙いとしている。設計には、ドイツ連邦議会議事堂やアップル本社屋などの設計で知られる英国の建築家、ノーマン・フォスターの事務所が関わった。650万平方メートルの広さに5万人が居住することを目論んでいる。2006年に建設を開始。完成は当初、2016年の予定だったが、2030年に延期されている。

　都市の周囲を囲む壁は、隣接する空港からの騒音を遮るとともに、熱風の侵入も防ぐ。すべての建物は屋上に太陽光発電パネルや太陽熱温水器を備える。また自然エネルギーを利用して気温を下げるウインドタワーのような仕組みが各所に取り入れられている。市内ではガソリン車の走行が認められておらず、電気自動車や無人運転による個人用高速移動システムが使われる。これらの技術により、二酸化炭素排出量ゼロ、廃棄物ゼロを実現することを目指すという。石油産出で潤った中東の国が、その豊富な資金を投入してつくる次の時代を見据えた都市がマスダールだ。

　日本国内の先進的な都市プロジェクトも紹介しておこう。トヨタ自動車が進めるウーブン・シティは、グループ会社の自動車製造工

場があった静岡県裾野市の約70万平方メートルの敷地に、自動運転、ロボット、スマートホーム、サステナブルエネルギーの技術などを統合した実証実験都市をつくるというもので、2021年2月に着工した。トヨタ社員とその家族を中心として、2000人以上が暮らすことを想定している。設計者として、デンマーク出身の建築家、ビャルケ・インゲルスが率いるBIG（Bjarke Ingels Group）が参画している。

　特徴はまず道路の計画にある。自動運転車専用、歩行者専用、歩行者とパーソナルモビリティの共用という3種類の道路があり、それが織り込まれたようにネットワークをつくり上げている。さらに地下には物流専用の道路があり、ここを使って自動運転ロボットが宅配便などの荷物をそれぞれの家まで届けてくれる。また各住戸からの荷物の発送やゴミの処理もこの自動運転ロボットが行ってくれるという。

　こうした都市プロジェクトを語る際に、必ずと言っていいほど使われるのが「未来都市」という言葉である。そこには、未来の都市はこのようなものであるという共有されたイメージがある。そうした未来都市のタイプは、いつごろ生まれて、どのように広まっていったのか。そしてそれは、どのように変わっていったのだろうか。

未来都市の始まりと確立：19世紀末〜20世紀初頭

　未来都市の定義をとりあえず「それまでになかった技術や制度をもとにつくりあげた新しいあり方の都市」としてみよう。その源流を遡っていくと、その以前からあった「理想都市」にたどり着く。

　古代ギリシャの哲学者、プラトンの著作『ティマイオス』と『クリティアス』で記述されるアトランティスは、大西洋に浮かぶ広大な島で、都市はアクロポリスを中心として、環状水路を挟む同心円状の構造をもっていた。豊富な資源をもとに高度な技術文明を築い

たが、栄華を誇る最中に島ごと海中へ没したとされる。

　同心円状の理想都市は、ルネサンス期にも現れる。トマソ・カンパネッラによるユートピア小説『太陽の都』で描写されるタプロバーナ島の都市がその代表例だ。それは神殿を中心とした同心円状に7つの地区からなっていた。こうした都市の形態は、軍事的にも優れているとされ、イタリア北部に位置するパルマノヴァなど、実際に建設された城砦都市の形態にも採用されている。

　そして同心円とは異なる幾何学形状の都市も現れる。フィラデルフィアやニューヨークのマンハッタンなど、ヨーロッパからの植民者によって築かれたアメリカの新都市だ。これらの都市では方眼紙のようなグリッド状の道路パターンが設けられた。

　哲学者や文学者による想像上の都市や、原野に築かれた新都市などとして「理想都市」は歴史の中に姿を現していたが、産業革命を経て本格的な近代が始まる19世紀、いよいよ「未来都市」といえるものが登場する。

　写真、電球、電話、自動車、気球など、様々な発明が花開く時代の流れを受けて、ジュール・ヴェルヌやH・G・ウエルズといった作家たちは、科学ロマンス（サイエンティフィック・ロマンス）と呼ばれる小説を書いている。宇宙旅行、時間旅行、超兵器、人造人間などとともに、そこでは未来の都市が主題となった。

　その代表的な書き手の一人が、フランスの作家、アルベール・ロビダである。1883年に発表された『20世紀』で、彼は来るべき1950年代のパリの様子を描写した。それは空中バスや空中自転車が飛び交う都市で、これに応じて高層の建物には最上階に玄関が設けられている。超高速鉄道やテレビ電話などといった技術もそこでは実現していた。

　また米国のヒューゴー・ガーンズバックは『ラルフ124C41+』と題された小説を1911年に発表する。舞台となっているのは27世紀のニューヨークで、そこは都市全体の天候や気温が人工的にコントロールされている。高さ200メートルの超高層ビルは透明な材料で

つくられ、その間を飛行するタクシーで移動する。

　こうした未来都市は、映画にも登場するようになる。フリッツ・ラング監督による『メトロポリス』（ドイツ、1927）では、超高層ビル群の間が地上高くブリッジで結ばれ、そこを無数の自動車が行き来する様が描かれた。また、ウィリアム・キャメロン・メンジース監督による『来るべき世界』（イギリス、1936）では、地下空間にエブリタウンという都市が築かれ、そこではやはり建物の間をモノレールや動く歩道などの交通手段で人々が移動していた。

　こうした小説や映画で描写された未来都市に共通するのは、林立する超高層ビルだったり、地下や海中といった特殊な立地だったり、ドームで覆うことによる環境制御だったり、チューブ列車、空飛ぶクルマ、動く歩道といった新しい交通技術だったりである。これらのイメージは、その後もずっとSF小説、SFマンガ、SF映画に使われていく。未来都市の型が、この時点でほぼ固まっているといってよい。未来都市がタイプとして確立したのだ。

　そして科学ロマンスの未来都市は、空想上の物語だけにとどまらなかった。同時代の建築家たちにも多大な影響を与えたのである。それが大きくうかがえるのは、例えばイタリアのアントニオ・サンテリアだろう。詩人のフィリッポ・トンマーゾ・マリネッティらとともに未来派として活動した彼は、巨大建築とインフラストラクチャーが合体したような都市建築のドローイング集を『新都市』（1914）として発表している。またル・コルビュジエは「輝く都市」（1930）などの提案で、林立する超高層建築と自動車専用の高架式道路を組み合わせた都市モデルを打ち出した。

未来都市の絶頂期：1950〜60年代

　小説ジャンルとしての科学ロマンスは、その後、SF（サイエンス・フィクション）として発展を遂げる。特に1950年代には、社会学や哲学といった面からの深い考察をもとにしたSFの傑作が生まれて

いる。この時代にも未来都市は盛んに描かれている。

　例えば米国の作家、アイザック・アシモフによる『鋼鉄都市』
(1954) では、巨大な鋼鉄のドームで覆われたニューヨーク・シティ
が舞台である。その中には2千万人が超高密度な居住環境で暮ら
す。そして都市内を人々は大規模な動く歩道のシステムで移動して
いる。

　また、英国の作家、アーサー・C・クラークによる『都市と星』
(1956) では、砂漠に囲まれた閉鎖環境都市ダイアスパーが描かれ
た。安定した状態で10億年もの間、存在し続けるという"完璧な"
都市であり、それを可能としたのが超巨大コンピューターであっ
た。

　SFが隆盛したこの時代は、建築家がゼロからデザインする人工都
市の実現がかなった時代でもあった。

　その代表例がインド北部の州都として建設されたチャンディーガ
ルである。建築家のル・コルビュジエが関わり、高等裁判所
(1955)、合同庁舎 (58)、州議事堂 (64) などの施設をはじめとして、
都市をまるごとデザインしている。

　ブラジルの首都として内陸部を切り開いて建設されたブリジリア
も、この時代につくられた新都市である。都市計画家のルシオ・コ
スタがデザインした都市に、建築家のオスカー・ニーマイヤーの設
計によって議事堂 (59)、最高裁判所 (60) などの主要施設が建てら
れ、モダニズムの思想、技術、美学が結集した都市の出現となった。

　建築家によるこうした大胆な都市プロジェクトは建築界を大いに
刺激したのだろう。依頼もないままに建築家が自主的に計画する都
市プロジェクトが、世界各地で急増するのである。そしてそれは、
しばしば実現の可能性を度外視した、大胆で未来的な計画だった。

　先駆けとしては、米国の建築家、フランク・ロイド・ライトが
1956年に発表した、高さが1マイル（約1.6キロ）に及ぶ「マイルハ
イ・タワー」(1956) の計画がある。これは極端に引き伸ばされた三
角形のシルエットをもった528階建ての巨大ビルで、内部に13万人

を収めることができるとされていた。

　日本では、1960年の世界デザイン会議招致をきっかけとしてメタボリズム・グループが発足する。その中で発表されたのは、例えば菊竹清訓による、垂直に建つシャフトに無数の住居ユニットが取り付いた「塔状都市」(1958) や、黒川紀章によるらせん状の超高層構造に人工土地を配した「ヘリックス計画」(1961) といった、メガストラクチャーによる未来都市のプロジェクトである。また、同年には丹下健三による「東京計画1960」も作成された。これは東京から千葉県の木更津に向けて直線状の道路を架け、海の上へと首都機能を延ばしていくというものだった。

　英国では、アーキグラムが登場する。実現した建築作品がひとつもないという特異な建築家集団であった。その都市プロジェクトは、取り外しが可能なユニットによって構成された「プラグイン・シティ」、キャラバンのように移動する「インスタント・シティ」、脚を伸び縮みさせたりしながら陸上や海上を移動する「ウォーキング・シティ」などといった、SFマンガのようなアイデアをかたちにしたものだった。

　他の各国にも、こうしたSF的な都市プロジェクトに取り組む建築家が現れる。ハンガリー出身のヨナ・フリードマンは、既存の建物群の上空に巨大な構造体を設けてそこに都市を展開する「空中都市」のシリーズに取り組んだ。ドイツのフライ・オットーはドームや吊り構造で都市全体を覆う計画を続けて発表した。フランスのワルター・ヨナスによる、漏斗状のメガストラクチャーが連結しながら都市を構成する「イントラポリス」(1962)、米国のバックミンスター・フラーによる、ニューヨークの一部を透明な巨大ドームで覆った「マンハッタン・ドーム計画」(1960年) などもある。

　そしてこれらの未来都市的プロジェクトをまとめて展示し紹介したのが、1970年に開催された日本万国博覧会 (通称：大阪万博) のお祭り広場大屋根に設けられた空中テーマ館だった。館の設計者は黒川紀章である。このほかにも大阪万博では、同じく黒川によるタカ

ラ・ビューティリオンや東芝IHI館、大谷幸夫による住友童話館など、未来都市のイメージを取り入れたパビリオンが多く建てられた。そして会場全体も、未来の都市を先取りしたものとして受け止められた。

1960年代は未来都市という都市モデルの絶頂期だった。そしてそのブームの集大成と言えるイベントが、大阪万博であった。

停滞する未来都市：1970～2000年代

1960年代の重要な未来都市プロジェクトがもうひとつある。ウォルト・ディズニーが米国フロリダ州に計画したエプコットだ。この名称は、「明日の実験的な都市（Experimental Prototype Community of Tomorrow）から頭文字を取って付けたもので、ディズニーランドのようなアミューズメント施設ではなく、定住者がいて、オフィスビルや商業施設もある本物の都市として想定されていた。中央には高速列車の駅があり、その上には超高層のホテルが建っている。そしてそこから自動運転のピープル・ムーバーという交通システムが放射状に広がっているという都市構想だった。

しかしウォルトが1966年に死去してしまうと、未来都市のコンセプトはうやむやになってしまい、1982年に開業した時点でのエプコットは、未来の味付けを加えた程度のただのテーマパークとなり果てていた。

このエピソードからもうかがえるように、1970年代に入って未来都市という都市モデルは曲がり角を迎える。未来都市を考えるよりも、古くからある街並みや集落への関心が高まっていく。もちろん未来都市的なプロジェクトが途絶えたわけではなく、例えば1975年の沖縄国際海洋博覧会では、テーマ館の「アクアポリス」が、菊竹清訓の設計により、未来の海上都市の雛形としてつくられたりはしたのだが、大阪万博と比べて関心が高まらないままに終わった。

停滞する未来都市の状況を象徴するのが、英国のSF作家、J・G・バラードによる小説『コンクリート・アイランド』(1974) だ。自動車専用道路の立体的ジャンクションは、すぐれた道路システムとしてたびたび未来都市のプロジェクトで描かれてきたが、この小説では道路の立体交差の隙間に落ち込んだ主人公が、抜け出せないままになってしまう。

　一般の人々が抱く未来都市のイメージを大きく変えたフィクション作品といえば、なんといっても映画『ブレードランナー』(アメリカ／香港、1982) だろう。舞台となるのはロサンゼルスで、巨大建築がそびえ立ち、空飛ぶクルマが行き交う未来都市なのだが、従来の未来都市と違って、そこは同時に電飾看板が視界を覆い尽くす、混沌として汚れきった街なのである。これは未来都市が、つくられてから何十年もの年月を経て、たどり着いてしまった状態にも見える。言うなれば、過去の未来都市なのだ。

　1980年代には、"レトロ・フューチャー"という概念も生まれる。未来を懐かしむという態度だ。その対象として、流線型の自動車やロボットなどともに、未来都市も語られた。未来都市は、来るべきものではなく、かつてあったものと化してしまった。

　映画『ブレードランナー』の都市イメージは、SF界にも影響を与えて、サイバーパンクと呼ばれるジャンルが興る。その代表的な作家が米国のウィリアム・ギブスンだ。彼は20世紀と21世紀で、未来に対する考え方ががらりと変わってしまった、と指摘している。

　「20世紀には、その極めて早い段階から、21世紀はテクノロジーによる奇跡の領域に入るのだと思われてきた。そしてついにぼくたちは21世紀にたどり着いたわけだけれど、いまだかつて、『22世紀』について考えを巡らせたり、それについて言及しているものにさえ、お目にかかったことがないんだ！」(特集: Sci-Fiプロトタイピング、『WIRED』vol.37、2020)

　都市についても、まさにこれが当てはまる。21世紀の都市については、20世紀にさんざん考えられてきた。しかし21世紀になると、

次の22世紀に都市がどうなるかを語るものはほとんどいなくなっていたのである。

都市からムラへ：未来？

　未来都市受難の時代に計画された数少ない実例が、冒頭で紹介したマスダール・シティやウーブン・シティだと言える。これらは、現在の問題を解決する手段として、20世紀に考えられた未来都市のタイプを参照したように見て取れる。

　一方で、これまでにない新しい未来の都市を考えようという動きが始まっているところにも注目しておきたい。シンガポールの建築事務所WOHAが展覧会「Garden City Mega City」（2016）で提案した超高層ビル群がすべて植物で覆われ、全体で森林のようになった都市だったり、日本の「ティンバライズ 200」（東京大学生産技術研究所腰原幹雄研究室＋ティンバライズ、2018）やW350計画（日建設計＋住友林業、2018）などにみられる木造超高層建築による都市などが、その例として挙げられる。

　あるいは新たなる未来都市は、目を引くような形状をもたないかもしれない。実は、ウーブン・シティの設計者であるビャルケ・インゲルスも、こんなことを言っている。

　「未来の都市は、ぼくらがいま暮らしている都市と驚くほど似ているだろう。未来の都市の建物は、すでにほとんどが建てられているはずだ。その一方で、都市はさまざまなレヴェルで現状とは劇的に変わっていく。その使われ方、あらゆるものの動き方、そこでの人の暮らし方。再解釈や誤用・盗用の技芸は、政治によるプランニングや建設のスピードよりも、はるかに速く都市をつくり変えていくだろう」（特集: 未来都市2050、『WIRED』vol.10、2013）

　計画され、建設されるものではなく、そこでの人のふるまいこそが未来都市の本質である、との解釈だ。

　あるいは「未来都市」という概念自体が、消滅すると考える建築

家もいる。北山恒がそのひとりだ。これを決定付けたのは、2019年に始まった新型コロナウイルス感染症の蔓延だという。

　「都市は集積することを止め、急速にローカルなネットワークに変容するのかもしれない。そのときは経済活動の結果として生まれる都市風景は終焉し、その代わり、地域固有の生活を支える空間が出現する。社会は経済活動を支える"都市"ではなく、生活を支える"ムラ"を求めている」（北山恒『未来都市はムラに近似する』、2021）

　ブリッジでつながれた超高層ビル群の間を空飛ぶクルマが行き交うような未来都市のイメージが、19世紀以来、長らく人々を支配してきた。その未来都市のタイプが、今、ようやく寿命を迎えようとしているのかもしれない。それに代わるものとして、少しずつだが、新しい未来都市が様々なかたちで探られている。その中から再び、ひとつの未来都市のタイプが生まれてくるのだろうか。タイプとしての未来都市の未来が気になる。

第1部

日常から積み重ねる
デザインアプローチ

プレイスメイキングの現場で生まれる ささやかな気づき

西田 司

　「建築とは建物を設計し、現場を管理すること」という、教科書的な建築の概念では、現代のそしてこれからの建築のあり方を語りきれないと感じている。本章では、建築とは何か、そして建築家は何をするのかをあらためて考えていく。

　私自身、建築というのは丸い円のようなものだと思っている。円の中は従来の建築であり、その外側には「暮らし」や「街づくり」などの余白があり、現代ではそこまでを含めて建築だと感じており、それを「BEYOND ARCHITECTURE（ビヨンド・アーキテクチャー）」つまり、建築が拡張すると呼んでいる。

　建築を志す人のバイブルのような本として『空間 時間 建築』（ジークフリード・ギーディオン著）がある。建築とは「空間」と「時間」であると書かれているが、あらためて空間とは何か、時間とは何かを考えてみよう。空間に関しては、居住空間、地下空間、籠り空間、外部空間などビジブルで認知しやすい。一方で、時間については普段設計対象にしていながら、認知しづらい。だからこそ、時間が大切になってくる。以下、時間という概念から、これからの建築のあり方を解説していく。

1）暮らしの時間〜シェアする建築〜

　ひとつめは、「暮らし」について。キーワードは「シェア」。このキーワードが生まれた背景には、日本の持ち家率が2008年をピークに下降していることが挙げられる。家を買わない、建てない人が

増えている。日本の平均所得が落ちていることも大きな要因だろう。それにより所有するという概念が変わるタイミングにきており、「所有」するから「共有」する、つまり「シェア」するという時間軸に移行しているのではないか考えている。カーシェアやシェアオフィスはスタンダードになり、民泊の利用者も増えている。大切なのは何かを一緒に育てる感覚で、「シェア」という概念の中にある"一緒に〇〇している時間"を積み重ねていくことにある。

例えば、ギャザリングパーティを開き、パスタを持ち寄る人がいれば、サラダやパンを持ち寄る人もいる。ひとつのテーブルに持ち寄った料理を並べて、サラダの素材やパスタの味付けを楽しそうに語り合う。一人ひとりのもっている価値を持ち寄り影響し合っていくこの感覚は、時間を楽しむ感覚に影響を及ぼすものだろう。

私はまさにこの感覚で普段設計をしているが、その中から生まれた建物を一例として紹介したいと思う。

横浜市の野毛にある「ヨコハマアパートメント」。2階建4世帯の集合住宅で、特徴的なのは、1階にある近所にも開かれた天井高5メートルの半外部ラウンジ"広場"だ。このスペースは住民がシェアしている空間で、そこから各々の専用階段で、高くて明るい2階の居住空間に出るという構成になっている。その意図は、専有部を小さくつくり、共有部で得られる価値を考えようというもの。居住空間は1部屋約20平方メートルで、共有部は約70平方メートル。この共有部を各部屋に割り振ると1部屋が37平方メートルほどになるが、37平方メートルに住むより、専有部20平方メートルプラス共有部70平方メートルで、使える場所が90平方メートルある方がお得だと考えた。2階に籠ることも、1階でわいわいと楽しんだり、友達を呼ぶなど居場所が選択できるなどメリットも大きい。

4部屋の住民は月に一度住民会議を開き、1階の使い方を紹介・提案する。例えば、床に敷物を敷いてお茶会を開いたり、流しそうめんを楽しんだり、参加するもしないも自由と、多彩に活用している。時間を共有することで生まれる発見や気づきが自分の想像を超

えると、人は感動を覚える。それが日常の中に起こることの価値が
ここでは生まれている。暮らしの時間が所有の欲求ではなく、開か
れることでシェアが生まれ、人生の楽しみが生まれる。

　私自身「ヨコハマアパートメント」を建てるまでは建築というの
は単体で存在しており、都市というのはもっと大きなものだと思っ
ていた。しかし、ここで起こる1日の中の小さな会話や週末の集い
の中に、小さな社会やご近所との街が生まれることを実感した。建
築と都市は分断されていると教育を受けてきたが、実はそこは地続
きで一体として楽しめることを知る事例となった。

2）地域の時間〜自然環境との対話〜

　続いては、「地域の時間」をつくる自然との対話がテーマ。港湾
施設で、神奈川県の江の島にある江の島ヨットハーバー内の「湘南
港ヨットハウス」である。

　建物として特徴的なのは、室内に光を取り込むための、非常に有
機的な波のような形状の屋根の構成だ。敷地環境は、シーブリーズ
という南西からの風が常に吹いており、海を望む景観も非常によ
い。ヨットを常に監視でき、レースの際には司令塔となる。さら
に、江の島は風光明媚で、別荘地としても栄えた場所である。この
ような特性をもつ場所にヨットハウスを設計する際に意識したこと
は、屋根が大きいけれど明るい。コンクリートだけど開放的な建物
であること。そこで、エンジニアリングコンサルタントと協業し、
光環境シミュレーションと構造シミュレーションを実施し、どのく
らいの開口部を設けるのが最適かを検証してつくられている。

　ヨットハウスという管理事務所としての機能は1階にすべて集積
し、2階は地域に開かれたスペースに。このアイデアは、施設を使
うヨットマンにヒアリングした際、自分たちが使うだけでなく、ぜ
ひ地域の方々にヨットハウスに海を見に来てほしいという声が多
かったことから発想したものだ。屋根の中から光が差し込む2階か

ら、湘南のパノラマをゆっくりと楽しんでいただける。「湘南港ヨットハウス」は、海が身近にある建物をどう地域に対して開かれたものにするかという、公共施設のあり方を考えたプロジェクトである。

---

3) 街づくり～自分たちでつくる街～

　3つ目のテーマは街づくりについて。キーワードは、自分たちでつくる街。私の街づくりに対する考え方に大きな影響を与えたのが、デンマークの建築家ヤン・ゲールだ。ヤン・ゲールは、ストロイエというコペンハーゲンにある歩行空間をつくった。歩行者天国に代表されるように、歩行空間は今では一般的だが、本来道路は基本的には車が走る場所と思う人が多いだろう。彼は著書『人間の街：公共空間のデザイン』（北原理雄訳、鹿島出版会、2014）の中で、街というのは人が出会い、意見を交換し、理解し、くつろぎ、楽しく時を過ごす場所である。街路というのは、その舞台という趣旨の言葉を述べている。さらに、優れたデザインは人々の定住意識を育てるが、劣悪なデザインは街の住民の心を荒ませる。私たちが街をつくる、街が私たちをつくるとも語っている。

　街をつくるのは設計者だけではない。設計者も一市民として街に関わり、住民一人ひとりが実は街をつくる対象であるという考え方に私自身感化され、住民を巻き込んだ様々な取り組みを行っている。

　そのひとつが「吉日楽校」というプロジェクトで、建築家である私は、ほぼ建物を設計していない。「吉日楽校」は、大規模マンションの長期にわたる工事現場の遊休部分を、地域活動の拠点にするという試みだ。マンションは、その地域に住んでいた人たちにとっては、過去の記憶を消して突然現れるものかもしれない。そうではなく、この地で積み重ねてきた土地の記憶をそのまま継承していく「時間」がデザインの対象になるのではと思ったのが発端だ。

　プロジェクトのテーマは、学校のような場所。森があった場所は、森の教室に。芝生広場もあり、これらの場所を地域住民に開か

れたスペースとした。場所が生まれたことで、マルシェが開かれたり、子どもと星を観るイベント、夜に焚き火を楽しんだりと、住民たちから新しいアイデアが生まれ活性化していった。工事現場を活用していたため、期間限定のスペースだったが、マンション完成後も一部空間を地域に開放することで、地域の住民にとってマンションが近寄りがたい存在ではなくなっている。地域住民とマンション住民の新しいつながり方を知ることができた事例だ。

街づくりプロジェクトの2つ目は、横浜DeNAベイスターズと進めている「コミュニティボールパーク」。始まりは6〜7年前に遡り、野球ファンだけではなく、市民の誰もが訪れて多様な楽しみ方を提供できる、新しいスタジアムと公園を中心とした「ボールパーク」をつくろうという取り組みだ。まず、新しいスタジアムとは何か、新しい公園とは何かということを海外の事例も含めてリサーチし、球団担当者とともに、どんなことをできる場所にしたいかというヴィジョンを描いていった。

例えば、1日だけ公園を借り上げオープンカフェにして、ベイスターズのファンフェスを開催したり、スタジアムの照明を消して夜景を楽しむイベントの開催や、朝の時間帯だけスタジアムの中でキャッチボールができるようにしたり。2020年にリニューアルしたスタジアムの「ベイディスカバリーBOXシート」でバーベキューを楽しむ、さらに公園の向かいにライフスタイルショップをつくるなど、ここにスタジアムがある価値をどう地域の人々と共有していったらいいのかという試みを続けている。

ここまでの事例で解説してきたように、街の時間、暮らしの時間というのは、自分たちがそこを掘り起こしていくことでつくる時間なのだろう。自分たちでアイデアを出して、一緒に何かをした経験が積み上がっていくことで、街や暮らしに愛着が生まれていく。

今の時代は、机の上でものを考える時代ではない。自ら経験し、実感を伴ったものやコトが、街づくりや建築に反映されていくのが理想的な姿だと考えている。

「ポストコロナの街づくり」

　新型コロナウィルスによって今までにない環境の変化を強いられた私たち。コロナ禍の前後で、街がどう変わったかを観察し、変化を採集し、記述するワークショップが開催された。すべてオンラインで実施され、参加者が離れた場所にいるからこそ、他都市との比較が可能となり、最終的にはポストコロナの変化を俯瞰的に眺められるよう、体型的な描きおこしをし、新しい街のアウトプットを試みた。

　これまで私たちの生活や、都市空間をかたちづくってきた様々な要素―境界・バリア・制度etc―のあり方について議論し、再考していく、そのきっかけとなるイベントとなった。

■オンライン講座・WS開催日

日時：2020年11月5日（木）〜11月7日（土）
　　　2021年2月24日（水）〜3月31日（水）までの各週、水曜日
レクチャー
#1『マグカップを持って街へ出よ』
　　　永田賢一郎（建築家／YONG architecture studio）
　　『街の関係から考える』
　　　廣岡周平（建築家／PERSIMMON HILLS architects）
　　　ゲストスピーカー　阿部航太　（デザイナー／文化人類学専攻）
#2『街から場所の構造をみつける』
　　　柿木佑介（建築家／PERSIMMON HILLS architects ）
　　『知りながらつくる』
　　　冨永美保（建築家／tomito architecture）
　　　ゲストスピーカー　石川初（ランドスケープアーキテクト／慶應義塾大学教授）
#3『スペシャル・レクチャー』
　　　ゲストスピーカー　小堀哲夫（小堀哲夫建築設計事務所 代表・法政大学教授）
WS講師　廣岡周平（建築家／PERSIMMON HILLS architects）
　　　柿木佑介（建築家／PERSIMMON HILLS architects）
　　　永田賢一郎（建築家／YONG architecture studio）
　　　冨永美保（建築家／tomito architecture）

■中間・最終講評会ゲスト

ゲスト講師　藤原ちから（BricolaQ主宰）
　　　住吉山実里（ダンサー／アーティスト）
　　　饗庭伸（東京都立大学教授）
　　　石川初（ランドスケープアーキテクト／慶應義塾大学教授）
　　　阿部航太（阿部航太事務所／デザイナー／文化人類学者）
　　　中村陽一（立教大学21世紀社会デザイン研究科教授／立教大学社会デザイン研究所所長）

出会いを読みとく

　コロナ禍により出会いが減ったことで、私たちは人との出会いに、より意識的になった。そもそも出会いはどのように生まれるのか、それを読み解くことで社会の構造や変化が見えてくるのではないだろうか。そして、出会いのエピソードを採集し、4つの要素により分解し、大きな地図に構成した。そこには、"もしも"の出会いも加えられ、私たちは自分自身が身近にもっていた出会いの可能性を想像する。この地図は、個人や集団が頼りとする小さな要素同士が関係性として束となり、大きな社会へと成り立つことを示すが、コロナ禍を通し、出会いの定義やスケールが変わってきている社会で、「知らない人と出会う」という都市が都市たる要素を私たちがどうやって獲得していくかのヒントになるだろうか。

・4つの分類要素
ヒアリングにより採集した出会いのエピソードを分解し、それぞれの出会いに影響を与える要素を4つに分類する。

きっかけ
たまたま起こったことを媒介する

フィールド
場所や空間が引き合わせる

ツール
関係を構築するための手段を用いる

属性
社会的な立場や身分によって関係が構築される

・地図の読み方
地図にはキャラクターと時間の軸の中にエピソードを配し、その要素が関係しあう"もしもの話"を空想する。

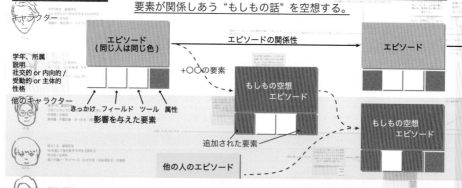

・横断的な出会い
もしもの話がキャラクターを横断して生まれる時、それは地図から生まれた自身の生活を拡張する出会いである。

出会いと
もしもの
地図

スタディも含め、オンラインホワイトボードmiro を使い地図を制作した。QRコードを読み取り、全体と細部を miro 上で見ることが出来ます。

コロナ禍における学生の部屋　　　　　　チームB

　2020年4月からの1年間、都市に住む学生は、大学に行くことを制限され、小さな一人暮らしの部屋で1日を過ごすことを強いられた。そこで私たちは友人たちに自分の部屋の写真を撮影してもらい、そこから自分の居場所をつくり出そうとする創造的な行為を発見した。また、私たちに「狭さのなかの豊かさとは?」という問いを投げかけた。①キッチン-料理する場所、ベッド-寝る場所という固定化された機能ではなくて流動的な場として設計すること。②1人部屋ではなく1.5人部屋にすること（ただ単に面積の問題ではない）。③居場所を分散させること。④部屋の中に細長さを持ち込むこと。私たちは環境を選んで動いてゆけるような部屋のあり方を考えた。

分析 a	分析 b	分析 c
装備的な工夫	環境を再認識し、応答する	家具・場所を別の機能にしてしまう

提案　都市に住むひとり暮らしの新しいプロトタイプ

A）スキップフロア案

段差は居場所を作り、
部屋の色々な方向性を作る

B）センターコア案

全体として細長い部屋を作り出す

C）部屋を襖で分割案

6つの小さな部屋にも
ワンルームにもなる

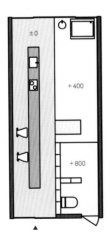
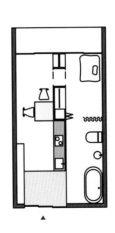
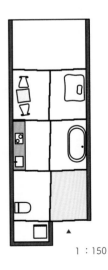

1：150

「場の見立て解剖学」 チームC

　コロナによって活動自粛が要請されたことで都市の中に行きにくい場所と行きやすい場所ができた。前者を黒色、後者を白色、どちらでもないものを灰色に分類し、それぞれの場所を組み合わせることで、自粛対象の場所をつくり変えようと試みた。意図しない場所が生まれるようにオリジナルのゲーム「場の見立て解剖学」を作成し、ワークショップに参加した学生同士で実際に遊び、話し合った。ゲームによってランダムな組み合わせが起こり、場所への考察が生まれる。結果、ワクワクするようなユーモアのある新しい場所が提案された。

①黒色の中からテーマをひとつ決める

お題：ライブハウス

照明
大きい音
密室空間
人が密着

②手札から自由に組み合わせて新しい場所を考える

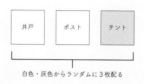

井戸　ポスト　テント

白色・灰色からランダムに3枚配る

③みんなの提案をもとに話し合ってみる

ex.ライブハウス × テント

	WHITE						GRAY			BRACK
1	浜辺	27	バイパス	53	防災用ホース	63	温泉	89		映画館
2	ゴミ捨て場	28	電車	54	園芸屋	64	銭湯	90		劇場
3	祠	29	牧場	55	自宅	65	道の駅	91		
4	田んぼ	30	ホテル	56	幼稚園	66	会社			
5	公園	31	港		ガ　　ス					
6	河川敷	32								

白 × 黒 からうまれた提案

01アニマル銭湯
人と動物たちの垣根を越えた裸の付き合い。人間だってアニマル

02苗ふみライブ
育成中の苗は踏むことでより強くなる。音楽も農業も同時に楽しむ

03HOKOシネマ
映画のストーリーと花の香りをリンクさせると楽しみ方はもっと広がる

04パチンコ屋台
新鮮な空気の下、みんなでパチンコ。夜街のネオンサインに人が集まる

離れた3人が見ようとすること　　　チームD

　　今私たちは、同じ瞬間に同じ場所で同じ情景を共有することが難しい状況にあり、また、これだけの長く広く強い影響をうまく記述できないでいる。そうした見えないわからない感じられないものをどうやって考えることができるのだろうか。

　　今回はこの15ヵ月間に撮ったお互いの写真を見ることから始めた。そして3人で並び替え、選び、切り取り、合成することを通して、この15ヵ月間をとある1日に圧縮した。

　　ある写真は撮影時刻とは違う時刻をあてがわれ、ある写真は撮影場所とは関係のない場所の隣に置かれる。一方で、ある写真は隣の人やものの速度と関係をもち、ある写真は図として境界をまたぐ。私たちは存在のしなかったとある1日を私たちとの間で見ようとする。

ⅰ）2020年1月から2021年3月までに撮った写真を持ち寄る。
　　（計278枚）
ⅱ）撮影者ごとに1列に並べる。（1日の始まりから終わりへ）（撮影者以外の2人が）（撮影日時を知らないまま）
ⅲ）各1列に対して撮影者ごとに時刻（0から24）をふる。（撮影者以外の2人が）
ⅳ）1つの時刻に対して撮影者ごとに1枚ずつ写真を選択し、切り取り、それらを繰り返しながら、1つの三幅対を作成する。（3人で）
ⅴ）写真の存在する5時から24時の三幅対を1列に並べる。（1日の始まりから終わりへ）
ⅵ）一連の三幅対を他者に共有するために、第四者（任意の大学生Tさん）を立てる。
ⅶ）Tさんの任意の1日を5時から24時の時報と共に都度報告しながら三幅対を見ていく。

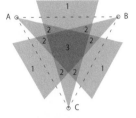

1：個人的な領域
2：共有し得る領域
3：世に流通しやすい領域

Tさんは再び布団を被る。　5:00
Tさんは授業に出る。　10:00
Tさんは歩道橋を渡る。　19:00
Tさんはドアの音を聞く。　6:00
Tさんはペンを落とす。　14:00
Tさんはカーテンを閉める。22:00
Tさんはゴミ箱を開ける。　8:00
Tさんはタバコを切らす。　16:00
向かいの電気が消える。　24:00

p058〜061図版・編集協力：
（チームA）木谷海斗、照井甲人、冨田優紀、原田創大
（チームB）瀬川未来、林未希、小澤知夏
（チームC）阪根歩実、西山陸斗、石黒十吾、千葉遼
（チームD）矢口芳正、石田大起、平井克憲

タクティカルアプローチが 21.5世紀のビルディングタイプを拓く

槻橋 修＋神戸大学槻橋研究室

タクティカルアプローチによる新しい都市空間

　ジェイコブズに始まり、1970年代から80年代にかけて世界中の都市で始まったパブリックスペースの再生はアーバニズムの重要な課題となった。特に80年代後半から米国やイギリスを中心に公民連携の空間整備・維持管理の手法としてPFI（民間資金等活用事業）やBID（ビジネス改善特区制度）といった手法が導入されるようになり、地域の美化や治安維持、適切なサービス提供などが充実していった。21世紀に入って、世界の各国で、また公園や広場、道路空間など、都市の様々な公共空間においてこうした取り組みが多様化し、日本でも近年、エリアマネージメントやPark-PFI、ほこみち制度など、都市再生の動きが活発化している。

　ハード整備だけでなく、運用面なども含めた都市再生の事例で代表的なプロジェクト、これだけは覚えておきたいプロジェクトを年代順に並べたのが下表である。先駆けとなったニューヨーク市のブライアントパークからタクティカルアーバニズムのシグネチャーとも言えるパークレット、広大な空港跡地を自由なコミュニティ公園

年	プロジェクト名	実施場所	実施者	実施タイプ
1992	Bryant Park	ニューヨーク	BPC	都市公園利活用
1996	City Repair Project	ポートランド	City Repair	プレイスメイキング
2002	Federation Square	メルボルン	Fed Square	都市広場、複合建築
2005	Park(ing)day	サンフランシスコ	REBAR Group	路上活用 パークレット
2007	Pearl Street Plaza	ニューヨーク	ニューヨーク市交通局	未利用地活性化
2009	New Times Square	ニューヨーク	ニューヨーク市交通局	歩行者空間化
2009	High Line	ニューヨーク	James Corner 他	未利用地活性化都市公園
2010	Miami Grand Central Park	マイアミ		未利用地活性化 プレイスメイキング
2010	Tempelhofer Freiheit	ベルリン	Grün Berlin	未利用地活性化都市公園
2010	Prinzessinnengarten	ベルリン	Nomadic Green	プレイスメイキング
2017	HolzMarkt	ベルリン	Holzmarkt25	プレイスメイキング都市公園
2017	Meanwhile Croydon	ロンドン	Croydon Council	プレイスメイキング未利用地活性化

として使うプロジェクトなどスケールは多岐にわたるが、すべてに共通しているのは政府と地域やユーザーとの間に良好なバランス関係が成立しているということだ。

1990's Bryant Park

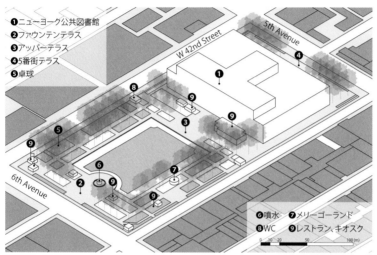

❶ニューヨーク公共図書館
❷ファウンテンテラス
❸アッパーテラス
❹5番街テラス
❺卓球

❻噴水　❼メリーゴーランド
❽WC　❾レストラン、キオスク

実施期間：1992 年-
実施場所：ニューヨーク　実施者：Bryant Park Corporation（BPC）　実施タイプ：都市公園利活用

Bryant Park（ブライアントパーク）は非営利団体Bryant Park Corporation（BPC）が運営する、ニューヨーク市所有の公園である。1970年代、この公園は麻薬の売人や売春婦などの溜まり場であり、人の寄り付かない危険な場所となっていた。この状況の改善に向けて、1980年 にBryant Park Restoration Corporation（BPRC、2006年BPCに改名）が設立される。BPRCは公園に賑わいを取り戻し、同時に収益を生む方法を実験を繰り返しながら、7年間模索した。公園のメンテナンスやキオスクの設置、イベントの開催などにより、犯罪を92%減らし来場者を2倍にすることに成功した。そして1988年、BPRCの計画がニューヨーク市に承認され、通りからの視認性を

向上させる新たな入口の設置や、照明やモニュメントやトイレの修
繕や改修が行われた。さらに同じ年の夏、2つのレストランと4つ
のキオスクの設置も承認された。1988年から1992年の間、公園を
閉鎖した大規模改修を実施し、1922年4月、新しいBryant Parkが誕
生した。

2000's Park(ing)day

　Park(ing) Day（パーキングデイ）とは、毎年9月第3金曜日に路上駐
車スペースを一時的に小さな公園に変えるという世界的なパブリッ
クスペース活用の取り組みである。この取り組みは2005年、米・
サンフランシスコにおいて実施された「Park(ing)」という活動から
始まった。メーター制の駐車スペースをコミュニケーションの場や
文化的表現の場として活用したいという思いから、REBAR Groupと
いう学生グループが始めたものであり、最初に作成されたのは、駐
車スペースに芝生を敷き、その上に高さ15フィートの木とレンタ
ルした公園のベンチを置いた空間であった。その他の初期アイデア
としては、屋外オフィススペース、水族館、パフォーマンススペー
スなどが挙げられていた。そして翌年には、Trust for Public Landと
の提携により、車1台分の駐車スペースを新しい形で利用していく
「Park(ing) Day」を開催し、それは毎年恒例のプロジェクトとなっ
た。「Park(ing) Day」は、毎年数百の都市、数千の参加者に広がって
おり、現在も規模は拡大中である。日本国内では、2018年に沼津、
2019年に渋谷、2020年に横浜、八千代、四日市、長浜、倉敷、竹原
において開催された。また、Park(ing) Dayやニューヨークでの一時
的な未利用地活用の成功に触発され、2009年、サンフランシスコに
おいて、「Pavement to Parks」というプロジェクトが始まる。この
プロジェクトの目的は、迅速かつ安価に未利用地を新たなパブリッ
クスペースへと刷新していくことである。ここでは「Park(ing) Day」
を参考に、駐車スペースから小さな公園へと恒久的に役割を変えた

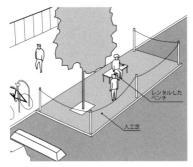
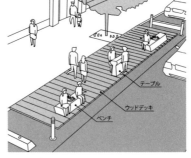

2005年サンフランシスコにて、初めて実施された　Park(ing)dayを参考にしたサンフランシスコの
Park(ing)　　　　　　　　　　　　　　　　　　「Parklet」
実施期間：2005年-
実施場所：サンフランシスコ等　実施者：REBAR Group　実施タイプ：路上活用、パークレット

「Parklet」が誕生した。

2000's The Green Light for Midtown Project

　「The Green Light for Midtown Project」とは、ニューヨーク市交通局によって、ブロードウェイの歩行者空間の状況を改善するため、2009年に開始された取り組みである。当時のブロードウェイは車道に歩行者が溢れ出し、車両との接触事故が多発する危険な場所となっていた。この状況の改善に向けて、「The Green Light for Midtown Project」では、42番街から47番街までのブロードウェイを、面積約2.5エーカー（約1万平方メートル）の車両通行禁止の歩行者空間とすることを計画した。この計画に必要なものは塗料、道路表示、看板、プランター、歩行者空間に配置するテーブルや椅子のみであったことから、低コストでの実装が可能となり、社会実験として迅速に開始することができた。ブロードウェイを車両通行禁止にしたことで、車両交通網は街路グリッドに沿った直行方向のみとなる。簡素化された交差点や信号などにより、車両の移動時間は改善され、また歩行者空間の増大に伴い、接触事故も減少した。このような有効性が確認されたことから、2010年、このプロジェクトの

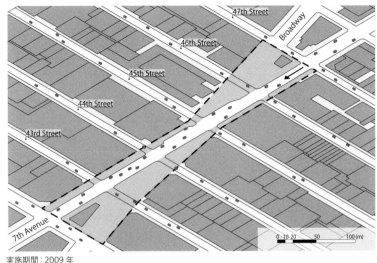

実施期間：2009 年
実施場所：ニューヨーク　　　実施者：ニューヨーク市交通局　　　実施タイプ：歩行者空間化、BID

恒久化が決定する。そして、恒久的な歩行者空間を生み出すため、デザイナーとして建築設計事務所スノヘッタが選出され、タイムズスクエアの再建が進められた。新しいタイムズスクエアの歩行者数は10万人以上増加し、世界中から反響を呼んだ。

2010's Tempelhofer Feld

　Tempelhofer Feld（テンペルホーファー・フェルド）は、ドイツ・ベルリンにおいて、Grün Berlinが運営している都市公園である。この敷地は、1920年代から空港として使用されていたが、利用者の減少や別の空港への機能集約などにより、2008年に空港としての運営は終了し、2010年に様々なレクリエーションやレジャーが楽しめる都市公園へと生まれ変わった。全長約2キロの2本の滑走路はそのまま保存され、サイクリングやスケートなど様々なレクリエーションを楽しむことができる。また面積300ヘクタールを超える敷地には、サッカーコート、ウインドスポーツエリアなどが配置され、多

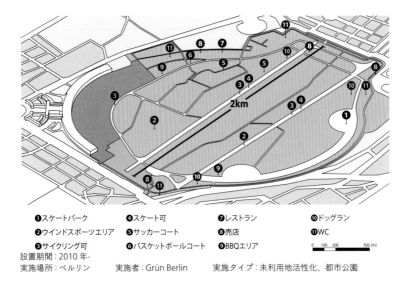

❶スケートパーク　　❹スケート可　　　　❼レストラン　　　❿ドッグラン
❷ウインドスポーツエリア　❺サッカーコート　　❽売店　　　　　　⓫WC
❸サイクリング可　　❻バスケットボールコート　❾BBQエリア

設置期間：2010 年-
実施場所：ベルリン　　　実施者：Grün Berlin　　　実施タイプ：未利用地活性化、都市公園

様なスポーツを行うことが可能である。さらに都市の中の広大な緑
は、動植物にとっての貴重な住処となっており、ドイツの絶滅危惧
種のひとつであるヒバリも生息している。この公園は、市民が様々
な観点からのアイデアを出し合うことで運営されてきた。世界中か
ら年間数百万人もの人々が訪れるこの公園のため、市民の積極的な
参加が今後も求められている。

あとがき

　タクティカルアーバニズムは、「長期的な変化のための短期的な
行動」の重要性の明示であった。安価ですぐに行動に移せる短期的
なアクション（戦術）を重ねていくことは、その場限りのルーチンに
陥ってはならず、その積み重ねの先に大きなビジョンへつながって
いかなければならない。戦術の重要性とともに、長期的な変化へ結
び付けていくストラテジー（戦略）も必要なのである。ブライアン
トパークの有名なビストロチェアは折り畳み式で閉園時間になると
毎日公園スタッフによってオープンラックに収納され、開園時は利

用者が自由に動かしたり、向きを変えたりすることができる。タクティカルなデザインの代名詞的存在である。公園の利用者が増加し、収益を増やす実験的プロジェクトが重ねられて1992年に大規模改修を経て現在のかたちになった。最も小さなアーバニズムであるサンフランシスコの「Park（ing）Day」は、2005年に学生グループのプロジェクトとして始まり、イベントの恒例化、世界中でネットワークを拡げ、2009年には政府機関によるパークレット普及事業に成長し、市全域に65のパークレットが設置されるまでになった。ニューヨーク市タイムズスクエアの「The Green Light for Midtown Project」はニューヨーク市交通局の主導で行われた社会実験によって交通問題の改善が確認され、恒久化の決定、大規模な改修が行われるに至った。最大規模の未利用地活性化プロジェクトともいえるベルリンのTempelhofer Feldは旧東ベルリンの空港跡地をまるまる市民のレクリエーションのための公園にしたもので、大きなハードの改変を行わず、2本の滑走路は自由に走ったり、自転車で駆け抜けたりできる空間として残し、駐機場だったスペースの多くは原っぱのまま残し、部分的にコミュニティによって菜園やドッグラン、スポーツエリアとして運営されている。タクティカルな活動スペースの運用と並行して、都市の生物多様性を涵養する緑地としての戦略的な位置付けもなされている。

　都市空間におけるタクティカルアプローチによる空間変容は、長い時間をかけて実験を繰り返しながら行われ、周囲のステークホルダーを巻き込みながらその場所の価値を育てていくダイナミックな空間のあり方を実践してきたのだといえる。ビルディングタイプ学に引き寄せて考えると、こうした都市空間の進化が建築にどのような影響を及ぼしていくのだろうか。「箱物」という批判を乗り越えて、建築がより流動的な社会で役割を果たせるようになるための進化の糸口が、公園や街路の中から見いだされるかもしれない。

原稿作成協力：八木和、安治徹、高橋和志、檀野航、米光葵

トピックス❷ デザインマスタークラス設計競技
「ポストコロナの社会と暮らしに応えるデザイン」

　応募した建築、都市計画を専攻する学生たちは、途中段階で一流の建築家・都市計画家たちの指導を受けながら課題に取り組み、発表し講評を受けることで、より魅力的な提案を生み出し、大きくその才能を開花させる機会をつくることができた。また、コロナ以降顔を合わせる機会の減っていた講師や学生たちが全国から集まる場を提供することができた。

設計競技開催概要

□設計課題
奈良市内郊外の敷地および建築条件を踏まえながら、「ポストコロナの社会と暮らし」にふさわしい施設、空間、建築のデザイン案

□設計条件
・現大和ハウス工業株式会社奈良工場敷地内
・大和ハウスグループみらい価値共創センター「コトクリエ」隣接
　区画144,561.81㎡
・敷地面積は、上記区画から、自身のプランに応じて自由に設定

□応募総数61チーム

■デザインマスタークラス設計競技

中間講評会

概要：全国4都市では応募学生による途中段階の発表、審査員による講評、ミニレクチャーを実施。

日時：2021年10月30日（土）、10月31日（日）
10：00〜17：00

会場：東京会場（コングレスクエア羽田）
関西会場（みんパック）
仙台会場（仙台フォーラス内　7F　even）
福岡会場（SALT）

講師（敬称略）：
中村陽一（立教大学社会デザイン研究所所長／立教大学教授）（事業責任者）
高宮知数（社会デザイン研究所研究員／プログラムディレクター）
五十嵐太郎（建築史家／東北大学大学院教授）
槻橋修（ティーハウス建築設計事務所主宰／神戸大学大学院准教授）
西田司（オンデザインパートナーズ代表／東京理科大学准教授）
山﨑誠子（GAヤマザキ主宰／日本大学短期大学部准教授）
岩瀬諒子（岩瀬諒子設計事務所主宰／京都大学助教）
遠藤克彦（遠藤克彦建築研究所主宰／茨城大学大学院准教授）
小堀哲夫（小堀哲夫建築設計事務所主宰／法政大学教授）
高安重一（鹿児島工業高等専門学校 准教授／アーキテクチャー・ラボ）
津川恵理（建築家集団ALTEMY代表／東京藝術大学教育研究助手）
畑友洋（株式会社畑友洋建築設計事務所主宰／神戸芸術工科大学准教授）
福士譲（フクシアンドフクシ建築事務所代表／八戸工業大学非常勤講師）
福屋粧子（AL建設設計事務所 共同代表／東北工業大学准教授）
百枝優（百枝優建築設計事務所代表／九州大学非常勤講師）
山田紗子（合同会社山田紗子建築設計事務所代表／京都大学・明治大学・ICS非常勤講師）

参加者：建築、都市計画を専攻している大学院、大学、短期大学、高等専門学校在学生
43名および関係者
※括弧内は応募者数
仙台会場13名（17）、東京会場19名（27）、大阪会場9名（14）、福岡会場2名（3）、合計43名（61）

プログラム：

1日目）敷地説明／各チームプレゼンテーション・講評（会場同士を中継）／大和ハウス事業説明／講師ミニレクチャー（会場ごと）／ローカルディスカッション／オンラインディスカッション

2日目）各チームプレゼンテーション・講評／ESGに関する取り組み事例紹介／講師レクチャー・コメント／ローカルディスカッション／オンラインディスカッション

東京会場

関西会場

仙台会場

福岡会場

最終審査会

概要：「コトクリエ」で開催された最終審査会では最終発表および審査と設計者小堀哲夫氏による会場施設ガイドツアーを実施。審査会のリアル観覧とオンラインでのリアルタイム観覧の両方を可能とした。

場所：大和ハウスグループ　みらい価値共創センター「コトクリエ」(奈良市)

審査員長：五十嵐太郎 (建築史家／東北大学大学院教授)

日時：2021年12月5日 (日)

審査員 (敬称略)：

岩瀬諒子 (岩瀬諒子設計事務所主宰／京都大学助教)

遠藤克彦 (遠藤克彦建築研究所主宰／茨城大学大学院准教授)

小堀哲夫 (小堀哲夫建築設計事務所主宰／法政大学教授)

髙宮知数 (社会デザイン研究所研究員／プログラムディレクター)

津川恵理 (建築家集団 ALTEMY 代表／東京藝術大学教育研究助手)

槻橋修 (ティーハウス建築設計事務所主宰／神戸大学大学院准教授)

中村陽一 (立教大学21世紀社会デザイン研究科教授／立教大学社会デザイン研究所長)(事業責任者)

西田司 (オンデザインパートナーズ代表／東京理科大学准教授)

畑友洋 (株式会社畑友洋建築設計事務所主宰／神戸芸術工科大学准教授)

福士譲 (フクシアンドフクシ建築事務所代表／八戸工業大学非常勤講師)

福屋粧子 (AL建設設計事務所 共同代表／東北工業大学准教授)

南川陽信 (大和ハウス工業株式会社上席執行役員)

山﨑誠子 (GAヤマザキ主宰／日本大学短期大学部准教授)

山田紗子 (合同会社山田紗子建築設計事務所代表／京都大学・明治大学・ICS非常勤講師)

参加者：一次審査を通過した13チームの学生26名および関係者

プログラム：開会式／一次審査を通過した各チームによるプレゼンテーション／コトクリエ施設見学／公開審査・全体講評／表彰式・閉会式／交流会

受賞作品紹介

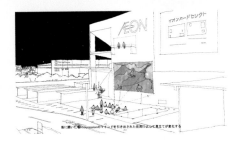

賞に聞い花壇にはExcursionのマインドを引き出された住民によって見せてが変化する

□最優秀賞
「アソビの街、九条へ」
根岸大祐・小泉和久・佐々木弘

今後、国内で縮小されていくであろう工場の跡地を
どう活用するかという課題の解決策として優れてい
る。近隣を巻き込む提案で、この場所でしかできな
い点を評価した。(南川)

将来につながるエレメントとして、記憶をきちんと
かたちにしようとするところが素晴らしい。住民が
積極的に参加するというシーンも描き、非常に勇気
をもらえるプロジェクトになると思う。(遠藤)

□優秀賞
「私の場所とその行方」
内山媛理・山田日菜子・石井冴

私＝場所という身体性を求めた空間づくりは、コロ
ナ禍を経験して誰もが感じたことであり、非常に頼
もしい提案だと感じた。(槻橋)

自分にフィットする場所を、自分で見つけてパーソ
ナライズしていくという、提案者の思考が非常に新
しいと感じた。(西田)

私たちは自由に場所を選びとる感覚を取り戻す

10 十人十色の可動産暮らし

□優秀賞
「可動産暮らし」
石井健成

電気自動車の時代では、クローズドな建築の中に車
も人もいるという空間はあり得る。多様な環境の
人々が合流できる、他者と出会える場として機能す
るという点に一番の魅力を感じた。(高宮)

モビリティ、AIの課題、ウェルネス・ツーリズムに
対する提案としてもっとも優れていた。提案者が
思っている以上に発展の可能性を秘めたアイデアだ
と思う。(中村)

入賞

□審査員長特別賞
「囲いの中のモンタージュ」
白石せら・井山智裕

□大和ハウス賞
「Logisticsこうえんのあるわたしのまちと
その暮らし」
山本太智

□立教賞
「Ripple stage」
水野雄大・周子涵・頼陽夏

第2部

公共圏のための空間

──百年、千年単位で考える

対論 佐藤信 + 伊東豊雄

佐藤 信

劇作家・演出家
「座・高円寺」芸術監督

伊東 豊雄

建築家
「座・高円寺」設計者

司会進行：髙宮 知数

「閉じる」ことが、いかに「開いている」か

——杉並区立杉並芸術会館「座・高円寺」が開館したのが2009年。伊東さんは建築家として設計を担当され、公共劇場の運営にも携わる佐藤さんは現在まで「座・高円寺」の芸術監督を務めていらっしゃいます。当時、お二人は公共施設、劇場についてどのようなお考えを持っていらっしゃいましたか。

伊東　公共建築は駅前や商店街の中にあることが多く、通常、我々はその場所に対して「開く」ことを考えます。一方で、「座・高円寺」の建設地は、商店街から離れていて環状七号線にも近く、人通りも少ない場所。そこで、あえて「閉じる」ことをテーマにして、かつてのサーカス小屋のように秘めやかなことが行われていそうな場所にしたら面白いと考え、四角い箱のような施設を提案しました。

佐藤　伊東さんが提案された「閉じる」ということは、今から考えるとすごく大きな意味をもっていたなぁと思います。僕は1997年に開館した「世田谷パブリックシアター」にも準備段階から携わったのですが、そこで目指したのが地域との結び付きを意識した「コミュニティシアター」でした。その経験からも「閉じる」ことがいかに「開いている」かということがわかります。大切なのは「居場所をつくる」ということ。開いてしまうと街の延長線上で居場所にならない。閉じていることで、日常とは違う居場所が生まれるんです。伊東さんは仙台の公共施設「せんだいメディアテーク」も設計されていますよね。僕は、公共施設のあり方として「せんだいメディアテーク」はこれからのモデルになると思っています。

混ぜ合わされていることに意味がある

伊東　ありがとうございます。これまで公共施設が目的別に用途を狭めすぎているのではないかと思ったんです。「せんだいメディアテーク」は、図書館が中心になり、ギャラリーやスタジオ、さらに1階のプラザには約300人が入れるような平土間のスペースがあって、それが複合されていることが最大の特徴です。こうやって混ぜ合わされていることに意味があって、図書館を利用するためにやって来た人が、プラザの催しを立ち止まって見て行ったり、展示会をちょっと覗いたり、あと、知り合いと出会ったりとか。それが目的なわけではないのですが、誰かと出会える場所なんです。
佐藤　なるほど。このコンセプトは「座・高円寺」にも通じるものですね。

伊東　そうですね。「座・高円寺」でも世界中から人を呼べるような公演をしている一方で、地域と深く関わるイベントも開催されている、まさに「コミュニティシアター」としての役割を果たしています。以前、「座・高円寺」を利用されている方にインタビューした際に印象に残るフレーズが2つあって、ひとつは「高円寺は都会

の中の田舎なんだよ」という声。もうひとつは、2階のカフェ「アンリ・ファーブル」のことを「俺んちみたいなんだよ」と言っている方がいて、この「田舎」と「俺んち」という言葉が僕は深い意味をもっている気がするんです。

佐藤　それは興味深いですね。渋谷などは、どんどん田舎をなくす方向に進んでしまっていますから。

伊東　これからの都市を考えるときにすごく大事だと思います。あと、公共施設がお上から与えられて「使っていいけど、これはやっちゃダメ」とばかり言われている世の中で「俺んちみたい」と言えるというのは、もう建築の問題を超えて、管理運営としていかに利用者に自由に使っていただいているかということなんですよ。

佐藤　「座・高円寺」の場合は、空間のつくり方も「俺んち」と言いやすいところがあると思うんですね。例えば、カフェに行くときに一般的にはホワイエがあったりしますが、ここはいきなり階段があって2階に上がれてしまう。小さな施設なんだけど、融通無碍な空間が随所にあって、音も抜けてしまうんです。

伊東　本当に遮音しようと思ったら、本当にそれしか使えない施設になってしまう、だから音が漏れてもいいじゃないかと。

佐藤　近代的な真四角な部屋によって機能を分けないこと。「一体化」というのは、これからすごく大事だと思うんですよね。

社会の変化が投げかけた、公共施設への課題

——本書の巻頭で五十嵐太郎さんが「純粋なビルディングタイプ」「不純なビルディングタイプ」ということに言及しています。純粋なビルディングタイプとして、いかに機能的に効率を上げるかということを一生懸命追いかけたけど、本当にそれでいいのと。その中で、不純なビルディングタイプという、いくつかの機能を複合するような建築が始まっていて、それは近代建築の大きな前提が変わるぐらいの変化ではないかと書かれていて、今お話を伺いながら、その時代の変化を感じました。

佐藤　大きかったのは、2011年の東日本大震災だと思うんですよね。震災後に、公共建築や街づくりはどこに向かうべきかという課題が投げられた。そして、COVID-19がきっかけで、これらの課題があらためて全部出てきたんだと思います。公共ということを考えると2つのファクターがあって、ひとつは公共と資本主義は実は関係ないということ。つまり、利益追求をしなくていい。例えば「座・高円寺」では、開館当初から2階のカフェで読み聞かせをしていましたが、最初は子どもが4〜5人しか来ないわけですよ。でも公共だからこそ続けていけるし、その結果、新しいものが生まれるんです。

伊東　続けることで、子どもたちが増えていきましたね。私が主宰する伊東建築塾も10年経ったら、当初小学生だった子が大学生のティーチングアシスタントとして、来てくれるようになりました。

佐藤　もうひとつは、国や行政ではなく、「わたくし」に近い部分で公共性をどう達成していくかが、COVID-19以降、すごく重要になってきたかなと思っています。その意味で「居場所」という言葉がすごく大事で、「居場所」に行くと初めて「役割」が生まれてくる。つくるべきは「事業」ではなく「場所」なんです。あそこに行くと気持ちがいい、あそこに行くと休めるという場所があって、そこ

に何人かが集まれば必ず何かをやり始めるというものだと思うんです。

伊東 その通りですね。「せんだいメディアテーク」のコンペティションの際、審査員長の磯崎新さんが「メディアテークという日本にはまだない建物に、どんなアーキタイプがあるのかを見せてほしい」と言われたのですが、僕らの回答は「アーキタイプがないのが、この建築のビルディングタイプだ」と（笑）。機能によってビルディングタイプを明確に分けていくというのは、もう近代主義の遺物で、機能という概念が破綻していると思うのです。

何かをやるためには、何もないのが一番いい

佐藤 劇場についていえば、従来のスタイルの演劇だけでなく、映像など多岐にわたった表現に応えようとするには、何もないのが一番いいわけです。

伊東 そうなんです。本当にその通りなんですよ。

佐藤 「世田谷パブリックシアター」をつくったときに、全部ブリッジが外れるようにしたのもその意図で、どこでも動かせる方が効率的なんです。劇場というものがもっているパラドックスですが、形態が決まってしまうと演劇形式が固定されてしまう。長く演劇形式はヨーロッパのマーケットが中心だったために、ヨーロッパのフォームが国際基準になったのですが、マーケット自体が変わってきている今、公共施設がヨーロッパ

のマーケットの劇場をつくる必要があるかというと疑問ですね。

伊東 ちょっと話がそれますが、先日、音楽を専門としている方の対談を読んだのですが、日本のコンサートホールは、性能という意味ではすごく良くできている。けれども、演奏会を開いたときに、客席で咳をするとまずいんじゃないかという緊張感が漂っていると。劇場のあり方として、佐藤さんはどうお考えですか。

佐藤 「座・高円寺」では、開演前に「携帯電話の電源をお切りください」といったアナウンスはしないでほしいとお願いしています。いくらお願いしても鳴るときは鳴るんだと（笑）。実際に、劇場はハプニングが起こり得るということですよね。それとは逆に、子ども向けの芝居を上演するときには、最初に「今日は赤ちゃんも一緒に来てくださってありがとうございます。上演中、びっくりして泣いてしまうかもしれませんが、泣くというのは赤ちゃんの大事な言葉なので、みなさんは元気な赤ちゃんの泣き声と一緒に観てください」とアナウンスするんですよ。その途端に、泣き声が気にならなくなる。音楽は、すごく精密なものだというのは確かなので一概には言えないですが、僕たちの本当に演劇文化の中には、基本的にしーんとするという見方はないんですよ。

COVID-19がもたらす、演劇の新しい可能性

——COVID-19によって、劇場に起きた変化についてはどうお考えでしょうか。

佐藤 あえて良かった点を挙げれば、客席が埋まらない少ないお客

様が観るという状況に慣れたというのはありがたいですね。例えば、10人ぐらいの観客だと今までだったら、それだけで集中できないわけですよ。ただ、こういう状況が当たり前になると、結局10人の前で演じても同じなんだと慣れてきています。

伊東　それは興味深いですね。

佐藤　僕は、そこに新しい演劇の可能性があると思うんです。小さな劇場で工夫して演劇を行うということは、パフォーマンスの原点に戻るにはいいチャンスなんですよ。余計な効果を使わないで、演技者自身の魅力で見せるところに戻るという意味では。もともと、そうやってしたたかに生き延びてきたものなんだと思うんです。戦時中に杉村春子さんの「女の一生」を観ながら、第3幕で空襲警報が鳴ってみんなで逃げたという記録も残っているぐらいで。そんな困難な状況でも、わざわざ足を運んで観るのが演劇なんですよ。だから僕は、あまり悲観はしていないです。むしろ、新しい演劇のあり方を考えられると思うんですよね。

アクセスコーディネーターの必要性

――そうなると、これから先、劇場をつくる場合には、今までとは違うかたちが必要になってくるんでしょうか。

佐藤　劇場を計画する際、最初コンセプトを立てるときの人の集め方が、建築家がいて、地元住民がいて、アーティストがいればいいというほど単純ではなくなるだろうと思います。劇場の役割がこれまで以上に多岐にわたってくるときに、芸術関係の専門家であるアートディレクターの職域ではコントロールしきれなくなってくる。いろいろなことをやろうとしたときに、今どんな問題があって、実現のためには誰にアクセスするのがいいかをコーディネートする「アクセスコーディネーター」と呼ばれる役割が公共施設に必要になると思います。

伊東　なるほど。アクセスコーディネーターがいることで、劇場という名を借りながら、いい意味でゆるさをもった公の施設がつくれるといいですね。

佐藤　特に基礎的自治体の劇場は、多目的な用途に立ち戻った方がいいのではないかと。

——それこそが「コミュニティシアター」のあり方ですよね。その場合には、劇場は必ずしも高機能・高性能である必要はないですか。

佐藤　使っていない高機能・高性能はいらないです。

伊東　日本中の公共施設が統一の規格で、横並びである必要もないです。

佐藤　ええ。「コミュニティシアター」のステレオタイプは、つくることができないですから。高円寺が「ムラ」であることと、とある地方都市が「ムラ」であることは、同じ「ムラ」でも意味が違うと思います。さらに、劇場というのは、元来仮設的なもので、常設になった歴史というのはそんなに長くないんですよね。だから、公共施設にも、必ずしも常設の劇場機能がなくてもいいと思います。

——なるほど、公共的な居場所をつくるとして、そこの中に仮設的な劇場機能がもてればいいのだと。

佐藤　僕はそう思うんですよね。その仮設的なものを、どの範囲にするかというのは、活動次第です。やっぱり、そこでの活動が見えないのに、建物を先に建てるのは良くない。逆にいうと、活動でいうと一番怖いのはカテゴライズされちゃうことなんです。

伊東　そうですね。劇場機能と博物館機能だったり、劇場機能と図書館機能だったり……。

従来のビルディングタイプに規定されない施設を

——これからの公共ホールや劇場の計画について、「座・高円寺」の頃から変わっている部分はあるか、伊東さんにお伺いしたいです。

伊東　最近、ホールや図書館もそうですが、ほとんどの公共建築は複合的な機能になりつつありますね。今、大阪で進めている計画には、多目的ホール、図書館、住民が自由に使える交流施設などに加えて、子育て支援施設やプラネタリウムまで入る予定です。最初は、子育て支援施設に検診に来る妊婦の方、小さな子どもを連れたお母さんたちが、ホールといかに同居するのかなぁと思っていたのですが、いろいろと打ち合わせを重ねていくうちに、普段は図書館に行かないお母さんもちょっと本を読んでみたいとか、音楽を聴いて帰ろうかな、といった声が上がり始めて、結構面白い施設になりそうです。こういった、ビルディングタイプがないものが、ほとんどになってきました。

——その場合、おそらく行政側は全体の集約によるコスト削減など、従来の枠組みの中で考えていると思うのですが、実際に計画し、かたちにして、運用しようとすると、行政の思っているところとは違う意味で、その複合化をうまく生かして面白くなってくる実感はありますか。

伊東　複合とはいいながら、機能によって分けようとするわけですよ、自治体は。それを例えば、1階から最上階まですべてにわたって図書館になっていますと。子どものいるフロアには子ども向けの本を置いてあげるなど、管理は面倒にはなりますが、それをやっていかないと複合した意味がないんです。そうやって、いろいろなものを混ぜ合わせたものをつくろうとしています。だいぶ、理解され

つつあるような気はします。

佐藤　公の施設の概念づくりはやる必要はあると思います。そうしないと行政側の意識がこれまでと変わらないので。部屋の機能ではなく、建物としてどういう機能をもつべきかという考え方にしないといけないと思います。

公共建築は「みんなの家」である

——ここまでお話をお伺いしていて感じたのは、お金を使わないでその館を使っていても、引け目を感じないというのが、公共施設で一番大事なことなんじゃないかと思いました。

伊東　その通りです。東日本大震災後に、僕らは「みんなの家」というプロジェクトを始めたんです。仮設住宅に集会室があるのですが、本当に集会にしか使えないような集会室で。そこに住む方々が一緒にご飯を食べたり、歓談できる場を、僕らがお金を集めて木造でつくったら、すごく喜んでいただけて。そのとき感じたのが、これからの公共建築は「みんなの家」であると。公共でありながら、使う人がここは「俺んち」だと思ったときに、初めてうまくいく気がするんです。

——最後に、これからつくるべき公共施設のあり方を教えてください。

佐藤　先ほどもお話ししたように、COVID-19をきっかけに、今まで起きていたことが見えるようになったと考えた方がいいと思います。公共概念の変化や、コミュニティの豊かさをつくっていく必要は、東日本大震災後に手を付けていかなきゃいけない問題だったんだけど、ズルズルと来てしまった。だから、1回今までの基礎的なものをストップしてみる必要はあるなと思っています。これまで、すべての劇場が国立劇場に近づくのがいいという流れがありました

が、公益自治体と基礎自治体では、サービスエリアも違うし、果たすべき任務も違うので、つくるべき劇場も違う。それを大きな声で発信していくことで、変化を起こしていかないといけないですね。

伊東　今までは、20世紀型のオフィスと住居を鉄道で結んで毎日往復するという、機能的な分断された生活を強いられていたけれども、それがちょっと変わってくると思うのです。家で働き、近くを散歩しているような人が増えてくると、地域をもう一度見直す機会が生まれて、地域性と公共がどう生活に組み込まれていくかということは、大きな課題になります。例えば、東京という街の成り立ちのようなものがあらためて見えてきたり。大規模な再開発も行われていますけど、これが10年経ったら変わるんじゃないかと思いますね。

佐藤　街を歩き回っていろいろなこと、いろいろな人がいることを知っている人をつくることが大切です。地域との関わりが今まで以上に密になっていく中で、公共施設のあり方は、はっきりと生活の核になる課題だと思います。

1. 広場
公共圏としてのオープンスペース

広場については、前著『ビルディングタイプ学入門』においても小野良平氏に「7. 公園・広場」で近代以降の日本の公園と広場を中心に論考してもらった。今回は世界の広場について、その起源を古代に遡り考え、また近現代の世界各地の広場を紹介する。広場というオープンスペースが持つ開放性、参加性、偶発性がもたらす公共性、その可能性と多様性について、千年単位で遡り、考えてみるものであり、21.5世紀に向けて、パート2の劇場とあわせて、屋外空間と建築空間について、広場と劇場という2つのビルディングタイプの中でその行方を考えることでもある。

なお古代の広場についての5本の論考は、2009年に行っていた広場研究会での発表を基にしたものである。掲載を快諾してくださった研究会の主宰、空間メディアプロデューサー平野暁臣岡本太郎記念館館長に謝意を表する。

日本における先史から古代の広場・再論
―人々が集う場（広場）の考古学

橋本 裕行

はじめに

　平成13（2001）年6月20日に開催された広場研究会（テーマ：「世界の広場」）での口頭発表「縄紋・弥生・古墳時代の広場？」をもとに、平成30（2018）年9月13日に刊行された『橿原考古学研究所論集第十七』に「日本における先史から古代の広場―人々が集う場（広場）の考古学―」と題する小論を掲載した[1]。本論は、その小論をもとに新たな知見を加えて書き改めたものである[2]。

Ⅰ. 縄紋・弥生・古墳時代の広場を探す

1. 前提

　対象となる縄紋・弥生・古墳時代は、文字史料が皆無または僅少のため、広場を特定することは不可能である。そこで、集落址の中に建物跡がまったく存在しない一定の空間を仮に広場と捉え、そのような事例を時代ごとに提示した。

2. 縄紋時代集落の中の広場

　神奈川県南堀貝塚（縄紋時代前期）（事例1）、神奈川県神隠丸山遺跡（縄紋時代中・後期）（事例2）、岩手県西田遺跡（縄紋時代後期）（事例3）の3つの事例を提示した。

　事例1：台地縁辺部を環状に巡る竪穴住居址群が検出され、それに取り囲まれた内部は遺構が存在しない空閑地と認識された。ま

た、この空閑地の中央部に大型の石皿1点が据え置かれていた。空閑地は広場と認識され、広場の中央に置かれた石皿は、この集落に居住する全成員の共用物であり、この広場において日々の生業活動が行われていたと考えられた[3]。この遺跡は、1977（昭和52）年に再調査が実施され、広場と思われた中央の空閑地から多数の土坑墓が検出された[4]。

　事例2：台地平坦面において環状に配置された竪穴住居址・掘立柱建物群が検出され、それらに囲まれた内側の空間から多数の土坑墓が検出された[5]。

　事例3：大規模な環状集落が調査され、縄紋集落のモデルとなった。まず、中央に墓坑群（広場＋墓地）があり、それを取り囲むように掘立柱建物群（乾燥小屋＋モガリ小屋）、さらにその外側に竪穴住居址群（日常的住居）と貯蔵穴群が取り囲み、同心円状の環状にそれぞれの機能を有する遺構が配列されていた[6]。中央の広場では、日常の生業活動と祖先祭祀が行われていたと推定されている。

　上記の事例などから、縄紋時代の環状集落の中央に存在する空間は、墓地と広場という2つの機能を併せ持っていたと推定できる。

3. 弥生時代集落の中の広場

　神奈川県大塚遺跡（弥生時代中・後期）（事例1）、大阪府池上曽根遺跡（弥生時代中期）（事例2）、静岡県汐入遺跡（弥生時代後期）（事例3）、滋賀県伊勢遺跡（弥生時代後期）（事例4）の4つの事例を提示した。

　事例1：環濠集落を全面調査した稀な例である。環濠は弥生時代中期に掘削され、環濠で囲まれた内部から竪穴住居址と掘立柱建物址が検出された。出土土器から中期の住居址は3時期に大別でき、大きく3群に分かれることが判明した。検出遺構を時期別に色分けしてみると、環濠内部には多数の空閑地が存在する[7]。これらの空閑地は、居住民が日々の生業活動を行うための広場として機能したものと考えられる。

　事例2：環濠集落のほぼ中央部から大型掘立柱建物が検出され

た。建物はほぼ正方位に建てられた東西棟で、その南に隣接して巨大なケヤキをくりぬいた井戸が付設する。さらに、その南側には小竪穴遺構1基が存在する[8]。この掘立柱建物は、特殊な遺構であり、神殿説が唱えられている。環濠内の別の調査区内では、同時期の遺構が複雑に重複しているが、この大型掘立柱建物の南側は遺構が希薄で、一定の空間となっている。神殿説に従うならば、この空間は祭祀を執行するための広場（祭場）であったとも考えられる。

　事例3：溝で囲まれた3つの方形区画があり、その中から竪穴式住居址や掘立柱建物群等が検出された[9]。方形の区画溝で囲まれた範囲は宅地であり、宅地内の空間は居住民が日々の生業活動を行うための広場として機能したものと考えられる。

　事例4：中央に塀で囲まれた掘立柱建物群があり、それを中心とした大型掘立柱建物が円形に配置されていると推定されている[10]。中央の建物群は、神殿と考えられている。神殿とその周りを取り囲む掘立柱建物群の間に空間が存在する[11]。

　上記の事例などから、弥生時代の環濠集落内に存在する空間は、広場として機能したものと考えられる。また、池上曽根遺跡や伊勢遺跡のような特殊な建物の周辺に空間があり、祭祀を執行する場としての広場と考えられる。一方、汐入遺跡のように宅地内の広場が出現した。

4. 古墳時代集落の中の広場

　静岡県大平遺跡（古墳時代前期）（事例1）、奈良県極楽寺ヒビキ遺跡（古墳時代中期）（事例2）、群馬県黒井峯遺跡（古墳時代後期）（事例3）の3つの事例を提示した。

　事例1：豪族居館とその家族が居住する宅地とみられる遺構群が検出された。西側に方形の柵列で囲まれた大型掘立柱建物があり、その東側に南北に並ぶ柵列で囲まれた4つの区画がある。各区画内には竪穴住居址や掘立柱建物群が存在する[12]。南北に並ぶ柵列で囲まれた4つの区画のうち南端の区画内は、主に方形に配列された掘

立柱建物で構成されており、その中央に広い空間がある。この区画の建物を倉庫群と推定した場合、中央の空間は、倉庫へ物資を出し入れするための作業空間（広場）であったと考えられる。

　事例2：方形の溝と柵列によって区画された範囲に縁と庇を有する大型掘立柱建物跡が検出された。区画溝は東西に長い長方形を呈し、南側中央部に土橋を付設する。建物は西側に寄っており、東側に広い空間がある[13]。これらの遺構は、葛城氏の居館または神殿の可能性が高いと考えられている。豪族居館であるとするならば、西側の区画は政を執行するための庭（大庭・広庭）であった可能性がある。

　事例3：榛名山の噴火によって一瞬に埋没した遺跡で、日本のポンペイと呼ばれている。一般農村集落である[14]。竪穴住居址が点在し、それを繋ぐ小径がある。また柴垣で囲まれた小屋がある。建物と建物の間にある空間は、畑や荒蕪地であり、人々が集う空間とは考えられない。

　上記の事例などから、古墳時代には、宅地内広場や特殊な建物に付属する広場がある一方で、農村においては広場的な空間は存在しなかった可能性がある。

II. 古代の広場を探す

1. 飛鳥時代の広場

　推古元（593）年12月、推古天皇が飛鳥豊浦宮で即位して以後、持統8（694）年12月に藤原宮に遷都するまでの間、難波長柄豊碕宮や大津京に都を遷す僅かな期間を除いて、7世紀代はほぼ飛鳥の地に宮が置かれた。なかでも、飛鳥岡本宮・飛鳥板蓋宮・後飛鳥岡本宮・飛鳥浄御原宮は、長年にわたる発掘調査の結果、ほぼ同じ場所で宮の造替が繰り返されたことが明らかになっている。

　飛鳥宮は、一本柱列の板塀で方形に囲まれた内郭と外郭によって構成されている。飛鳥宮の中枢は内郭で、内郭は東西方向の一本柱

列の板塀（SA7901）によって間仕切りされ、北側は天皇の私的空間（北院）、南側は天皇に関わる公的な儀式が行われた空間（南院）と考えられている。

　後飛鳥岡本宮の内郭北院には、正殿と考えられる東西棟の大型掘立柱建物が南北に2棟（SB0501・SB0301）並び建つが、両者の間に人頭大の円礫を敷き詰めた空間がある。また、南院中央に位置する東西棟の大型掘立柱建物（SB7910）の周囲にも、砂利を敷き詰めた空間がある。前者は天皇が私的に利用した広場、後者は公的儀礼を行うための広場であったと考えられる。

　飛鳥浄御原宮では、内郭の南東に一本柱列の板塀で囲まれた別区（エビノコ郭）が設けられ、中央に正殿と考えられる東西棟の大型掘立柱建物（SB7701）が存在する。この建物の周囲にも砂利を敷き詰めた空間があり、公的儀礼を行うための広場であったと考えられる[15]。

　『日本書紀』皇極天皇3（644）年正月、中大兄皇子（天智天皇）と中臣鎌子（藤原鎌足）が法興寺（飛鳥寺）の槻樹の下で蹴鞠をしたという記事がある。明日香村教育委員会の発掘調査によって、飛鳥寺の西側に砂利が敷き詰められた空間が検出され、飛鳥寺の西側にも広場が存在することが明らかとなった（飛鳥寺西方遺跡）[16]。飛鳥寺西方遺跡で検出された広場は、国内外の使節を供応する場であり、時には皇族や貴族達が親交を深める場として利用されていたと考えられる。

2. 市の広場

　『日本書紀』によれば、推古16（608）年8月、隋に派遣された小野妹子は、「大唐使人」の裴世清等を伴い飛鳥京に入京した。その際、「飾騎七十五匹を遣わして、唐の客を海石榴市の衢に出迎えた」という。衢とは、古代幹線路が交差する場所で、そこに市が設けられたという。上記の記述が史実であれば、海石榴市には七十五匹の飾り馬を整列させることができるだけの空間（広場）があったことにな

る。

　本格的な都城が建設された藤原京や平城京には、京内に東西の市が設けられた。しかし、これらの都城における市の空間構造は、未だ判然としない。その中で、平城京に設けられた東市推定地は、多くの発掘調査次数を重ね、比較的内容を把握することができる数少ない事例である。

　平城京の東市は、文献考証によって平城京左京八条三坊五・六・十一・十二坪に比定されている [図1]。これらの坪は、各々が築地塀で囲まれた独立した区画となっている。広い面積が発掘調査された六坪では、「坪の中心部は遺構密度が低く空閑地があったようで、広場のような使われ方をしていたのではないか」[17] と指摘されている [図2] [18]。また、「4つの坪がそれぞれ独立し、各辺に門が開いていたこと、広場とみられる空間があること、堀川が存在することはいくつかの史料にみえる市の景観とも符合する」とも指摘されている [19]。

　文献によれば、都城内に設けられた市では、繊維製品、手工業製品、生鮮食料品、宝石、燃料（炭）のほか、牛馬や奴隷が売られたという。また、罪人の処罰を行う刑場でもあったらしい [20]。平城京東市の中の広場的空間がどのように利用されていたかを考古学的に証明することは至難であるが、文献の記述が参考になるだろう。

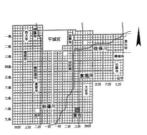

図1　平城京東市位置図

図2　平城京左京八条三坊六・十一坪遺構図

III. 縄紋時代から古代にかけての広場の変遷

　上記の事例から、日本における広場は以下のように推移したものと考えられる。

　縄紋時代前期（B.C.3000年代）頃から環状集落が形成され、その中央部が墓地と広場として機能した。環状集落内の広場は、日常の生業活動と祖先祭祀を執行した場と考えられる。縄紋時代晩期（B.C.1000年代）頃から墓地と集落が分離し始め、広場の実体は一時期不明瞭となる。

　弥生時代になると環濠集落が形成され、環濠内には居住民が日々の生業活動を行うための広場が存在した。また、中期（B.C.2〜1C代）頃から大型掘立柱建物が出現し、それに付属する広場が出現した。この広場は、祭祀を執行するための場であったと考えられる。さらに、後期になると方形の溝で囲まれた宅地が出現した。宅地内の空間は、そこに居住する家族が日々の生業活動を行うための場であったと考えられる。

　古墳時代は、弥生時代から出現する大型掘立柱建物に付属する広場と宅地内広場が発展した時期と考えられる。その一方で、農村においては広場的な空間が存在しなかった可能性がある。

　飛鳥時代（A.D.7C）になると、宮殿が整備され、政務や祭事を司る建物の前には、石を敷き詰めた広場が造営された。また、飛鳥寺西方遺跡で検出された広場のように国内外の使節を供応する場として、時には皇族や貴族たちが親交を深める場として利用されたものもあった。さらに、海石榴市で推定される広場的空間でも外国使節を迎えるための儀礼が行われた。そして、飛鳥時代にみられるこれらの広場（宮内の広場・市の広場）は、その後平城宮・平安宮へ継承されていったが[21]、その一方で一般集落における広場的空間は不明確となった。

おわりに

　人々が常時出入り可能で、自由な活動や情報交換ができる空間としての野外広場が原始古代の日本に存在したかと問われると、そのような広場の存在には否定的にならざるを得ない。強いて挙げれば、縄紋時代の環状集落内の空間や弥生時代の環濠集落内の空間が該当するのだろう。

　池上曽根遺跡例のように弥生時代中期頃から環濠集落内部に出現する特別な空間は、共同体の首長が執行する農耕儀礼の場であったと推定されている。このような空間は、古墳時代の豪族居館の中に取り入れられ、それがさらに発展・整備されたものが飛鳥宮内郭やエビノコ郭と考えられる。中国の都城制を取り入れた藤原宮以後、内裏の中に設けられた広場的空間は、王権による政祭のマツリゴトを執行するための場であり、民衆からは隔絶された空間であったと考えられる。

　一方、京内には東西の市が設けられ、市の中にも広場的空間があったようである。市には、民衆も自由に出入りでき、情報交換も行われたであろうが、市は常時開催されていたわけではない。都城における古代の市は、午刻（午後0時）から日没前までであり、東市は月の上半期、西市は月の下半期に開かれていたという。

　このように見てくると、人々が常時出入り可能で、自由な活動や情報交換ができる空間としての野外広場は、縄紋・弥生時代の例を除けば、明治時代の近代日本成立以前には、存在しなかったのかもしれない。

参考文献
1 橋本裕行　2018　「日本における先史から古代の広場―人々が集う場（広場）の考古学―」『橿原考古学研究所論集』第十七（奈良県立橿原考古学研究所）、p.17-22
2 本論では、誌面の都合で前回掲載した図は割愛した。詳しくは、前掲論文を参照されたい。
3 港北区郷土史編さん刊行委員会　1986　『港北区史』、p.99、図5　南堀貝塚　前期の集落
4 武井則道　2008　「南堀貝塚」『港北ニュータウン地域内埋蔵文化財調査報告書』40、財団法人横浜市ふるさと歴史財団・横浜市教育委員会、第74図
5 註3文献、p.107、図6　神隠丸山遺跡　前・中・後期の集落
6 岩手県教育委員会　1980　「東北新幹線関係埋蔵文化財調査報告書Ⅶ（西田遺跡）」『岩手県文化財調査報告書』第51集
　　鈴木公雄編　1988　「縄文人の生活と文化」『古代史復元』2
　　同上、p.123、「201　岩手県西田遺跡の「集落」内墓域」
　　同上、p.143、「236　縄文の祭り復元図」
7 武井則道　1991　「大塚遺跡―弥生時代環濠集落址の発掘調査報告Ⅰ　遺構編―」『港北ニュータウン地域内埋蔵文化財調査報告書』ⅩⅡ、横浜市埋蔵文化財センター、付図
8 乾哲也　2000　『史跡池上曽根遺跡保存整備事業報告書―地方拠点史跡等総合整備事業（歴史ロマン再生事業）による史跡公園整備―　第1分冊　史跡公園整備計画の経緯と発掘調査の経過』、和泉市教育委員会、p.44、第10図
9 静岡市立登呂博物館　1988　『特別展　静岡・清水平野の弥生時代―新出土品にみる農耕生活―』、p.61、汐入遺跡全体図（弥生後期）
　　岡村渉　2004　「汐入遺跡　第6次発掘調査報告書」『静岡市文化財調査報告』、静岡市教育委員会、p.3、第3図
10 守山市教育委員会　2017　「伊勢遺跡確認調査報告書」Ⅸ『守山市文化財調査報告書』、p.7、図2　伊勢遺跡全体図
11 大橋信弥・鈴木康二　2009　『平成21年度春季特別展　大型建物から見えてくるもの―弥生時代のまつりと社会―』、滋賀県立安土城考古博物館、p.67、図39　主要建物復元CG（小谷正澄氏作成）
12 鈴木敏則　2003　「東海・関東における大型建物・方形区画の出現と展開」『日本考古学協会2003年滋賀大会資料集』、日本考古学協会2003年度滋賀大会実行委員会、p57、静岡・大平遺跡
　　財団法人　浜松市文化協会　1992　『佐鳴湖西岸遺跡群　本文編Ⅰ』、表紙裏　大平遺跡想像図
13 北中恭裕　2007　「極楽寺ヒビキ遺跡」『奈良県文化財調査報告書』第122集、奈良県立橿原考古学研究所、p.26、図11
14 石井克己・梅沢重昭　1994　「黒井峯遺跡―日本のポンペイ」『日本の古代遺跡を掘る』4、読売新聞社、p.75、黒井峯遺跡建物遺構配置図
15 林部均　2008　「飛鳥京跡」Ⅲ『奈良県立橿原考古学研究所調査報告』第102冊、奈良県立橿原考古学研究所、図面10　遺構図8、図版5・14
16 明日香村教育委員会文化財課　2020　『飛鳥寺西方遺跡発掘調査報告書』
17 池田裕英　2017　「平城京東市の造営と東堀川の掘削」『都城制研究』11、p.50
　　なお、平城京左京八条三坊五・六・十一・十二坪の中央部に広場的空間があることを指摘した文献に以下のものがある。
　　篠原豊　1997　「平城京の東市」『考古学による日本歴史9　交易と交通』（雄山閣）、p.110-113図1は、当該文献図3の一部を引用
　　池田裕英　1998　「平城京の東市に関する覚書」『奈良県埋蔵文化財センター紀要　1997』、p.16-24
18 註17文献p.51図19を一部改変。図中六坪中央のTI08・18・21調査区は、その他の調査区に比べ検出遺構が希薄である。池田は、空閑地は溝で囲まれ、700㎡程度の面積であると指摘している。
19 註17池田2017文献p.53
20 篠原1997、p.112-113
　　木下正史　「飛鳥・藤原京の都市生活」『古代の都1　飛鳥から藤原京へ』（吉川弘文館）、p.179-181
21 福岡県太宰府・鴻臚館、宮城県多賀城や地方の国衙・郡衙も都宮の縮図として同様の広場的空間が設けられた。

中国都市における市

小澤 正人

　都市の定義は分野により異なるが、ここではひとまず「人口が集中し、その大半が食料生産に従事しない集落」としておきたい。中国では紀元前3500年頃から社会が階層化し、それに伴い地域ごとに統合が進み、中心となるような大型の集落が姿を現す。同時に社会の分業化も進み、地域社会の統治に専従する首長、手工業品の生産に従事する専業工人などが認められるようになる。そして、紀元前2000年を過ぎた初期王朝時代になると、都市と都市国家が出現する。

　しかし、この時期の都市は首長の居住地で政治的な拠点としての性格が強く、専業工人も首長に従属する存在と考えられ、都市で自由な交換が行われたとは考えられない。このような都市は、次の殷王朝や周王朝の時代にも続いたと考えられる。

　中国の都市が大きく変化するのは、紀元前8世紀からの春秋戦国時代、特に後半の戦国時代である。春秋戦国時代は都市国家が互いに抗争を繰り返し、淘汰されていく時代であり、戦国時代になると「戦国の七雄」と呼ばれる7つの大国へと収斂していった。これら大国の都では、国家機構の整備や支配領域の拡大に伴い人口や物資が集中し、それに伴い商工業が発達し、さらには学芸従事者のような存在も見られるようになり、都市は様相を変えたのである。東方の大国であった斉国の都である臨淄の戸数は7万とされ、その繁栄ぶりが以下の通り伝わっている

　「臨淄はすこぶる富みかつ豊かで、民に、竽（笙に類する笛）を吹き、琴（琴の一種）を弾き、筑（かかえて弾ずる楽器）を掻き鳴らし、琴

（琴の類のうちもっとも小型のもの）を奏で、闘鶏・競犬・六博（双六のようなゲーム）・けまりをせぬものはございません。臨淄の道は、車の車軸がぶつかりあい、肩と肩とがこすりあい、襟を連ねれば帳をなし、たもとを掲げれば幕をなし、汗をふるえば雨をなすほどでございます。どの家も賑わい栄え、意気は高く揚っております。」（『戦国策』）

このように成立した中国の古代都市は、分裂を統一して皇帝を頂点とする政治体制を確立した秦漢時代へと引き継がれ、さらに隋唐時代へとつながっていった。ただし、これら古代都市は政治都市としての性格も強く、そのため制限も多く、居住区は方形に区画されて出入りが制限されるなど、その内部は厳格に管理されていた。その中で公共空間しての役割を果たしたのが市である。

この時代の市は都市の一区画ではあったが、そこでは商人など物資を供給し、都市の消費を支えた。同時に国家の布告がなされ、時には処刑の場ともなっている。また市は娯楽を提供する場ともなった。唐王朝の都であった長安の市には、中央アジアから来た女性がいる酒場があったことを、唐代の著名な詩人であった李白が「少年行」という作品の中で取り上げている。

中国の都市の様相は、唐王朝の次の宋王朝の時に変化し、都市内部の自由度が増え、区画された市は姿を消す。市にあった商業地などは幹線道路に沿って展開するようになり、公共空間は分散することになっていった。

宗墓 秀明

　インダス文明はインド亜大陸の北西部、インダス流域とその周辺に紀元前2600年頃から前1900年頃の間に栄えた原史都市社会である。インダスとその支流域のモエンジョ・ダロー、ハラッパー、ガンウェリワーラーのほか、アラビア海に近接したカッチ湿原のドーラヴィラーとグジャラートのロータルなどを主要都市とする［**図1**］。

　インダス文明都市は、行政・祭祀センターの城塞部と市街地から構成される計画都市で、城塞部を市街地の西方に配置するものと市街地の中に入れ子状に配置する2つの類型がある。前者にインダス本・支流域の都市が、後者にそれ以外の地域の都市が類別される傾向にある。今回は前者の代表的な大都市遺跡モエンジョ・ダローにインダス文明の広場を探る。

都市モエンジョ・ダロー

　広さ400ヘクタールに約4万人が居住していたとされるモエンジョ・ダロー遺跡の市街地には、大路、小路、路地が碁盤目状に設定された街路に沿って住居が立ち並んでいる。この市街地を囲繞する周壁は確認されていないが、ハラッパー遺跡などの例から、市門を備えた壁で囲まれていたと想定できる［**Meadow and Kenoyer 1993**］。その西方にある行政・祭祀センターの城塞部には、大沐浴場、基壇建物（穀物倉？）、列柱建物などが林立する。土と日乾煉瓦で盛り土された基壇上の城塞部は崩壊が甚だしい上に、遺構の上にクシャーン朝期の仏塔が建立されていることもあって、大沐浴場と基壇建物

を除いてはその形状が不明瞭になっているが［図2］、城塞部の南東には城門跡が確認されている。これら市街地と城塞部は、ひとつの周壁で囲繞されていたのか、また市街地と城塞部がそれぞれ別個に囲繞されていたのかは不明である。

　住民や特定階層の集会、加えて単に人の集まる場として広場を捉えるならば、このようなモエンジョ・ダローの城塞部に広場といえるような空間は、これまで確認されていない。城塞部と市街地の間に広がる空間地に、遺構が残されていない地域もあるが、それは城塞部の基壇を築く際に、この空閑地から土を掘り上げたためとされる［Jansen 1989］。そのような凹地はゴミ捨て場になることはあっても何らかの機能をもった広場には想定できない。

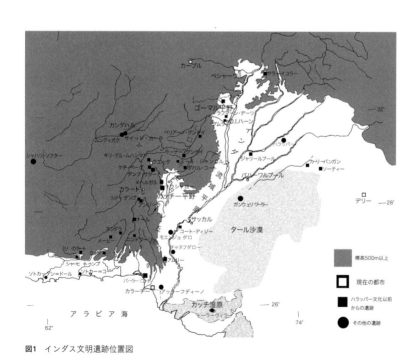

図1　インダス文明遺跡位置図

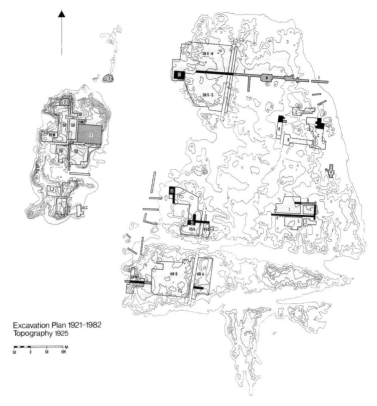

Excavation Plan 1921-1982
Topography 1925

図2　モエンジョ・ダロー遺跡全図

町並み

　不明瞭な遺構残存状況ながら、広い空間が見られない城塞部に対して、市街地はどうであろうか。全体の1／10程でしか発掘されていないが、市街地には碁盤の目に街を区画する街路である大路・小路に沿って焼成煉瓦を積み上げた建物がすき間なく建ち並ぶ[図3]。住居用家屋と思われるそれら建物の出入り口は、ようやく人がすれ違えるほどの幅の路地に面して設けられている。中央道路と呼ばれ

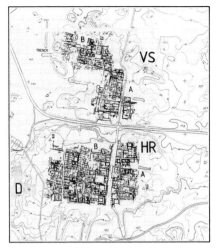

図3 市街地HR、VS 地区概略図
[Jansen and Urban eds. 1984]

る幅28メートルの大路に面する建物ですら、出入り口を表道路に
開く建物はまずない [Marshall 1973]。内向きで閉鎖的な建物と街路
との関係が、市街地に広がっている。その理由のひとつに、2階建
てであったと考えられる建物がすき間なく建ち並ぶ市街地の小路や
路地では、中天のとき以外、日差しが遮られて過ごしやすいとの解
釈を与えることもできる [図4]。

　こうした町中に、ときおり他よりいくぶん広い空間が大路と小路
に見られるが、そこにはゴミ集積場などの公共施設が設置されてい
る。このほかに公共施設としては、インダス文明に特徴的な排水路
を挙げることができる。市街地の住居それぞれに設けられた沐浴施
設やトイレから排出される汚水は、街路に設置され、時に石灰岩の
割石で蓋をされた焼成煉瓦造りの排水路に流れ込む。排水路は路地
から大路へつながり、最後は市街地の外に排出される [Marshall 1973]。

　都市計画に基づいた公共施設が発達したモエンジョ・ダローでは
あるが、そこには建物が密集するのみで、いわゆる広場空間を見い
だせない。

図4　路地と建物、排水溝

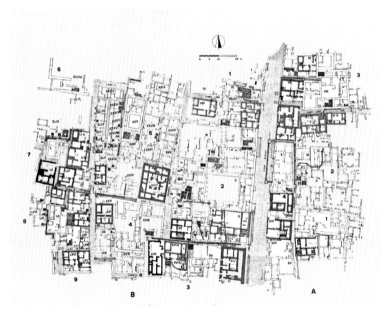

図5　HR 地区全図 [Sarcina 1979]

モエンジョ・ダローの中庭

　広場はヨーロッパ市民社会における憩いの場としての機能だけでなく、政治的機能を備えて、政治的・宗教的行事の行われる場でもあった。こうした機能は金が指摘するように東アジアでは「庭」の言葉が示す空間にも与えられていた[金2008]。広場と庭は、ともに建物によって囲まれた空間を指す点でも一致する。つまりは建物の林立する中に敢えて建物を造らずに人工的に設けられた空間である。このように理解した時、中庭も広場のひとつの形態として、その視野に入ってくる。

　モエンジョ・ダロー市街地の建物は路地に向けて出入り口を持つ閉鎖的なものであるが、注意深く見ていくと、建物は中庭を中心にして部屋がそれを取り囲む[図5]。図6はFirst Streetと呼ばれる大路を挟んで東西に広がる市街地HR地区の大路から東側を中心に図化したものである。図6の東北端（上方）に中・上層階層都市民の住居とされる建物Ⅷがある。その詳細図7および概念図8を復原したヤンゼンは、大路から奥まった東西方向の路地に向けて出入り口を持ち、中庭とその周囲に配された小部屋群を明示している[Jansen 1984]。建物は、複数の小部屋が互いに出入り口で連結されて1単位となりつつも、それぞれの単位が中庭を介して互いが結合する有機的構造を見せている。階上へも中庭に面した階段部屋から向かう。モエンジョ・ダローの都市住民は中庭を住居内交流の場とする現在も南アジア北部の地方都市に残る居住形態を確立していた。また、建物の壁で囲まれた中庭を一種の広場とする「内」と広場のない「外」との社会関係を形作っている。

　小部屋が中庭を囲む住居は、すでに文明以前の前4000年頃の南アジア北西部の集落に現れていた形式で[宗基2007]、南アジアの先史時代以来の伝統住居形式であるが、都市生活にとって「外」の世界に全く交流の場をもたない社会は存在しないであろう。

図6 HR 地区詳細図［Jansen 1985］

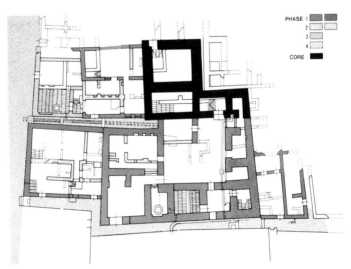

図7 建物Ⅷ詳細図［Jansen 1984］

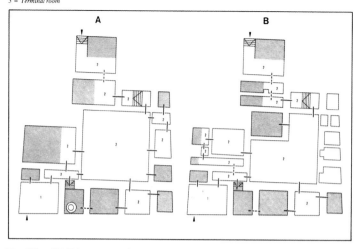

図8　建物Ⅷ概念図［Jansen 1984］

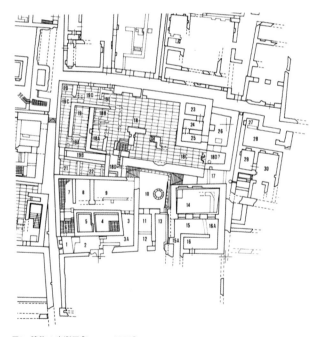

図9　建物Ⅰ実測図［Jansen 1985］

108

開かれた閉鎖空間・中庭

　市街地に発見されている宗教施設も中庭形式である。[図6]の東南端（下方）の建物Iは、大路と併行する南北の小路からさらに奥まった東西方向の路地に向けて出入り口を開いている[図9・10]。建物は大きく4ブロックに分かれ、それらを2つの中庭が仲介空間となって、各ブロックを結び付けている。少し詳しく見ていくと、各ブロックはそれぞれの中心部または奥まった部分に小部屋が配置されているために、全体では中庭を中継場所とする回遊式の構造となっている[Jansen 1985]。一般住居の中庭と比べて大きく、建物全体の中心軸に並んで中央（第1広場）と最深部（第2広場）に中庭が配置されている点も特徴である。いわば、各ブロックが独立の建物であり、それに囲まれた中庭が4つの建物の中心にあるとも見なしえる。特徴ある建物構造に加えて、多数の印章のほかに男性石像も2点出土したことから[図11]、何らかの宗教施設、寺院と考えられている[A. -Jansen 1984]。

　第1広場に残る円筒形の煉瓦積みに植えられたとされる生命の木（聖樹）が枝を広げて日陰を与え[Wheeler 1968]、そこを通り過ぎて左右の階段を上った基壇上に大きく広がる第2広場へと導かれる[図12]。中庭は建物の内部にありながらも、外から訪れる人々を奥へ奥へと誘い、左右の各ブロックへ入るための広場空間と見なしえる。建物ブロックの奥で行われる宗教儀礼を準備し、参加するための空間であり、人々がそうした儀礼に伴って集う場所であったのではないだろうか。本殿に付随する前殿としての役割がこの中庭には読み取れる。すなわち、中庭は閉ざされた空間ではなく、開かれた閉鎖空間であり、中庭を「広庭」と理解してインダス文明社会の広場を捉えることでできる。

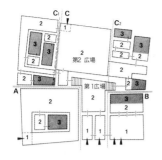

図10 建物 I 概念図 [Jansen 1985]

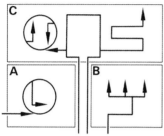

図11 建物 I 出土石偶 [Marshall 1973]

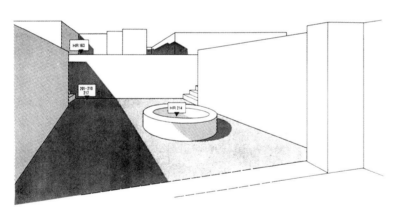

図12 建物 I 広場1 から見た立体図概念図 [A.-Jansen 1984]

インダスの信仰

　広場を内包した中庭式建物での宗教儀礼はどのようなものであったろうか。周囲を小部屋で囲まれた21メートル×29メートルの城塞部の大沐浴場は、インダス文明の統治原理に沐浴潔斎する宗教指導者の存在を暗示している［**Marshall 1973**］。このプールに水を溜められないとの指摘もあるが（Kondo *et al.* 1997）、プール底へ消えた後に再度、地上に現れる、この閉鎖空間で沐浴潔斎する宗教者の姿は不明である。

　水牛の角が信仰のシンボルであったともいわれ［**近藤 2006**］、土器彩文や刻文に頭上に角を載せた人物像が描かれるが、その人物がどのような役割を果たしたかは明らかではない。市街地のDK地区から出土したとされる「神官王」像の後頭部は、何かを取り付けたように斜めに切り落とされている。ここにウシの角が被せられていたのかもしれない。

　「神官王」像のような男性像は、文明成立以前の先行文化（バローチスターン農耕文化）の前2700〜2600年頃に土偶として現れていた。それらは前6千年紀頃に非常に簡素な形状でつくられ始めた女性土偶の延長線上で、社会の変容とともに造形されたものであった。土偶は20センチにも満たない小さなもので、女性土偶の多くは腰を折って座る姿勢のため、住居内の小さな祭壇に祀られた可能性がある。男性土偶はすべてが立ち上がるものであるが、その一部には幼児を抱くものもあって、女性土偶が内包した生殖・豊饒性を象徴し、用いられ方も女性土偶同様に住居内祭祀で用いられたものと考えられる。また、その細い目や額飾りは、像高20センチ前後のインダス文明の「神官王」像や、上に見た建物Ⅰ出土男性石像と通底する。

　インダス文明以前の男性土偶との共通点をもち、その後継像と考えられるインダス文明の「神官王」などの像も家庭内祭祀と密接に関わった石像であろうと考えられる［**図13**］［**Shudai 2013**、**宗基2016**］。

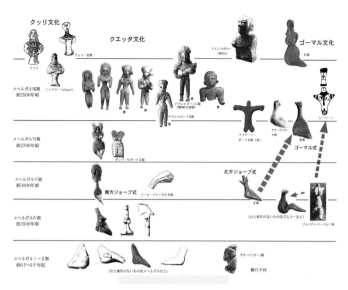

図13 土偶変遷図［宗基2016］

しかし、城塞部からはこうした人物像はまったく発見されず、そこでは視覚的な信仰対象は用いられずに沐浴を伴う抽象的宗教儀礼によって宗教理念を表し、宗教権威となっていたのではないだろうか。

巡行、広場としての街路

　儀礼・行政センターである城塞部と都市民が活動する市街地で行われていた宗教行為は、理念上では通底するものをもちながらも現象面では異なる位相を示していたのであろう。位相の差違を超えて、儀礼・行政センターでの宗教儀礼と理念が市街地に敷延して初めて、社会統治、すなわち社会の一体感を可能ならしめる。このため、市街地の宗教施設が城塞の沐浴場などで行われる宗教儀礼と結び付いていることを都市民に実感させる必要が統治者側にあったはずである。そのもっとも効率的方法は視覚的表示であろう。

そこで考えられるのが何らかの「物」や「人」が両地域を巡行することである。特に、城塞部から市街地の宗教施設へと何かが下賜される、または移入される際の「物」や「人」の移動を都市民に見せることが考えられる。その何かは判然としないが、城塞の儀礼施設から発し、城塞の南東部に設けられた城門を抜けて市街地の大路を経て市街地の宗教施設へとパレードの進行が想定できる。このとき、統治権威の都市民への顕現場所として、街路が広場と化す。

インダスの広庭

　各住居における中庭も家庭祭祀の行われる奥まった部屋への前殿と解釈するならば、宗教施設での中庭と同様の意味を与えることができ、城塞から始まり→都市内宗教施設→各住居での家庭祭祀という階層化した宗教儀礼が、逆方向への循環をも想定できるだろう。

　中庭式住居は文明以前にかたちづくられたものを継承しており、そこでの「庭」空間の利用と社会的関係は伝統的なものであるが、それを計画的碁盤の目状レイアウトの都市空間に位置付け、城塞部に始まり家庭内祭祀に至る階層化された宗教儀礼に体系化したのは、モエンジョ・ダローの統治者たちでなかったろうか。

　多くの推測を交えた。インダス文明、モエンジョ・ダローの各住居内に開かれた閉鎖空間である「広庭」を、街路に政治的、宗教的行事の行われる広場を措定した。この中庭形式は、後世のイスラーム都市におけるミナレットに囲まれたキブラ前面に広がるモスクの中庭とも類似していないだろうか。モスクの中庭も開かれた閉鎖空間であることを指摘できよう。同様に、構造体内部に前殿を配置する重層的空間は、仏教・ヒンドゥー石窟寺院への展開、さらにはコロニアル建築でのベランダ、バルコニーの南アジアでの発明にも導くことになったのではないだろうか。

　最後に、文中にモエンジョ・ダロー都市遺跡の維持・管理者として「統治者」の用語を用いたが、これまでのインダス文明研究では、

宮殿や神殿、王墓と思しき規模と隔絶した副葬品を納めた埋葬施設は発見されていない。近年ではヘテラーキー（heterarchy）という多頭的階層性、または並列構造の社会をインダスにあてる意見もある[**Green 2020** ; **Petrie 2019**]。しかし、本稿では次のようにインダス文明社会を捉えたい。すなわち、大沐浴場のある城塞部が「広庭」である街路を媒介として、男性土偶や石偶を出土させる市街地の信仰空間、さらに住居内の家庭祭祀へと結ばれた社会は、一定方向への直線的構造ではなく、円環構造の社会を示しているように思えてならない。

参考・引用文献
金銀貞 2008「『庭』に関する一考察 －大嘗祭を中心として」今谷明編『王権と都市』48-71、思文閣出版.
近藤英夫 2006「インダス文明の信仰体系」『東海史学』40: 41-54、東海大学史学会.
宗薹秀明 2007「南アジア、丘陵地の住居と社会－新石器時代から文明形成期まで」『青柳洋治先生退職記念論文集　地域の多様性と考古学－東南アジアとその周辺』219-232.雄山閣.
宗薹秀明 2016『南アジア先史文化人の心と社会を探る－女性土偶から男性土偶へ：縄文・弥生土偶を参考に』比較文化研究ブックレット14号.神奈川新聞社.
Ardeleanu-Jansen 1984 "Stone Sculptures from Mohenjo-daro", in Jansen and Urban (eds.) 1984: 139-158.
Green, A.S. 2020 "Killing the Priest-King: Addressing Egalitarianism in the Indus Civilization", *Journal of archaeological Research*, 16 September.
Jansen, M. 1984 "Theoretical Aspects of Structural Analyses for Mohenjo-Daro" in Jansen and Urban (eds.) 1984: 39-62.
Jansen, M. 1985 "Moenjo-daro HR-A, House I, a Temple? Analysis of an Atchitectural Structure", in Schotsmans, J. and M. Taddei (eds.) *South Asian Archaeology 1983*. Naples: Instituto Univ. Orientale. 157-206.
Jansen. M. 1989 "Some Problems regarding the Forma Urbis Mohenjo-daro", in Frifelt, K. and P.Sørenen (eds.) *South Asian Archaeology 1985*. London: Curzon Press. 247-254.
Jansen, M. and G. Urban (eds.) 1984 *Interim Reports vol.1 Reports on Field Work Carried out at Mohenjo-Daro Pakistan 1982-83*. Roma: IsMEO.
Kondo, R., A. Ichikawa, T. Morioka 1997 "Taking a Bath in Mohenjo daro", South Asian Archaeology 1995. 127-137.
Marshall, J. 1973 *Mohenjo-daro and the Indus Civilization* 3vols. Delhi: Indological Book House (first publish in 1931. London).
Meadow, R. and J.M. Kenoyer 1993 "Excavation at Harappa - 1992 and 1993", *Pakistan Archaeology* 28: 55-102.
Petrie,C.A. 2019 Diversity, Variability, Adaptation and 'Fragility' in the Indus Civilization, in Yoffee, N. (ed.) *The Evolution of Fragility: Setting the Terms*. Cambridge: McDonald Institute for Archaeological Research, 109-133.
Sarcina, A. 1979 "A Statistical Assessment of House Patterns at Mohenjo-daro", in Taddei, M. (ed.) *South Asian Archaeology 1977*. Naoles: Instituto Univ. Orientale. 433-462.
Shudai, H. 2013 "Report on the Survey of the Arhaeological Materials of Prehistoric Pakistan, stored in Aichi Prefectural Ceramic Museum. Part 6: Human figurines and Some Remarks on the Social Development in the Prehistoric Balochastan" *Bulletin of Tsurumi Univ.* 52 (4) :7-29.
Wheeler, M. 1968 *Indus Civilization* (3rd ed.). Cambridge: Cambrige Univ.Press.

古代メソポタミアの都市景観
―古代都市における広場のあり方について

小泉 龍人

　古代メソポタミアの都市は、主に神殿や宮殿などの配される中心部（聖域、城塞部などとも呼ばれる）と一般市民の生活する市街地（居住域など）から構成され、目抜き通りや市／市場などの公共域も介在している。都市の広場的空間は立地の点から大まかに3つに区分できる。居住域における広場、聖域につながる目抜き通り、公共域における広場である。以下、古代メソポタミアの都市における広場的空間の機能、事例、担い手について、現状における研究成果を整理してみる。

1）居住域における広場

　古代メソポタミアの都市において、日常生活でもっとも利用頻度の高い居住域における広場は、主に情報交換などの日常的なコミュニケーションの場として機能していた。こうした広場的空間は、もともと都市出現以前の一般集落の段階で自然に創出されていったと想像される。

　メソポタミアの都市の最古例は、約5300年前のハブーバ・カビーラ南遺跡（シリア）[図1] であり、市街地の居住域に敷設された街路の交差点に広場が配置されていたと推定される。たいてい古代メソポタミアの都市では、街路の交差点に広場が設けられ、約4000年前のウル遺跡（イラク）[図2] の居住域に設置された広場が典型となる。

　古代メソポタミアの都市の居住域において、情報やモノの交換な

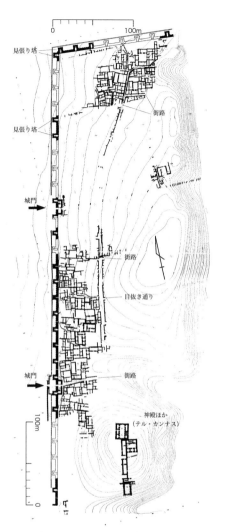

図1 ハブーバ・カビーラ南の都市プラン（Strommenger 1980より作成）

図2 ウ ル の 市 街 地（Woolley and Mallowan 1976より作成）

どに欠かせない広場は、一般市民により自然発生的に形成されていったと想像される。

2) 目抜き通りほか

　古代メソポタミアの都市の公共域における目抜き通りは、都市の経済的物流の円滑化に欠かせない空間として機能していた。たいてい目抜き通りは、10メートル程度あるいはそれを超える道幅を確保し、人やロバなどに引かれた荷車が行き交う実用的空間となっていた。同時に目抜き通りは、街の主神を祀る神殿やジッグラト（聖塔）と呼ばれる祭祀儀礼施設のある聖域につながる参道でもあった。そこは祭祀儀礼の演出空間としても機能し、神輿などの儀礼的行進を沿道から見物できるだけの空間的余裕が設けられていた。

　前出のハブーバ・カビーラ南遺跡［**図1**］では、目抜き通りの延長線上に聖域が配置されていた。同時代の最古の都市であるウルク遺跡では、エアンナ聖域の入口に正門と階段が設定され、そこから目抜き通りが延びていた可能性がある。さらに注目されるのがバビロン遺跡（イラク）［**図3**］である。この約2600年前の都市では、イシュ

図3　バビロン都市プラン（ロイド・ミュラー 1997より作成）

タル門から幅20メートルの舗装された行列道路が南へ延び、行列道路の先には旧約聖書に登場する「バベルの塔」のモデルとされるジッグラト「エテメンアンキ」が建っていた。同モニュメントの東側に配置された約200メートル幅の広場では、ジッグラトで行われた儀式を見物するなど参拝空間の典型となっていた。

　このように古代メソポタミアにおいて、実用的なだけでなく、演出空間としても機能していた目抜き通りや関連する参拝空間が、都市支配者によって都市景観の主要素として構築されていったと推定される。そこには、地中海世界のアテネやポンペイなど、古代ギリシャ時代の円形劇場、ローマ時代の競技場と同様に、一般市民の娯楽あるいは不満を逸らすガス抜き装置としての機能もあったと考えられる。

3) 公共域における広場

　古代メソポタミアの都市では、公共域における広場が都市居住者や外部者の物々交換を行う市／市場（マーケット）として機能していた。都市出現以前、小規模な都市的集落（都市的な性格をもつ集落）では、居住者や商人・旅人らにより集落内の空地（広場）に市が自然に形成されていた。こうした広場的空間は、上述した一般集落段階の居住域における広場から派生したとみられ、その推移は緩やかで、両者は明確に分離していなかったと想像される。

　約5500年前の都市的集落であるテペ・ガウラ遺跡（イラク）[**図4**]では、

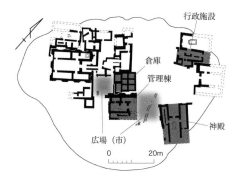

図4　テペ・ガウラの広場（Rothman 1994より作成）

行政施設

倉庫
管理棟

神殿

広場（市）

0　　　　20m

集落中央の大型独立倉庫に隣接した広場でコンテナ用の土器や封泥（土器などに封をした泥の塊）が出土した。封泥の理化学的分析の結果、在地産と外来産（千キロ以上離れたイラン方面）が同定された。この広場は物々交換を行う市として機能していたと推定され、西アジアにおける最古級の市／市場とされる。

　また、約5300年前の都市的集落ゴディン・テペ遺跡（イラン）[**図5**]には、周壁（城壁ほど厚くない）に囲まれた集落中央に、10メートル四方ほどの広場が設置されていた。広場に隣接する建物からワインの入った壺やムギ類などの交易品が検出され、公共域に立つ市での交換取引を示す典型的な広場となっている。さらに、先述のハブーバ・カビーラ南遺跡では、城門内（10メートル四方程度）や外側に広場[**図6**]を設けて、外部からの商人・旅人が出入りする空間で都市居住者と外部者が商取引を交わしていたようだ。これは古代メソポタミアの都市において、先に触れた従来の居住域に溶け込んでいた広場的空間が、支配者の管理下で城門付近（都市入口）に対外的な市として分離・移設された結果と考えられる。こうした市／市場はやがて現代イスラーム圏のスークへとつながり、たいていスークはモスク周辺に配置されている[**図7**]。スークは宗教施設への参道でもあり、上述した目抜き通りとしての機能も継承している。

4）研究動向と展望

　メソポタミアの遺跡の大部分は現在のイラク共和国にあり、度重なる戦禍により調査が大幅に停滞してきた。近年、南メソポタミアのシュメール地方では、いくつかの遺跡で欧米隊による考古学調査が再開し、特に電磁波探査などの表面調査が広範に実施されている。2021年4月6〜9日、12th ICAANE（第12回古代近東考古学国際会議）がオンライン開催された。ICAANEはいわゆるオリエント世界を研究対象とする考古学者の国際会議であり、2020年は新型コロナ感染拡大のため順延され、このたび43カ国の研究者が計650件を

図5 ゴディン・テペ遺跡（Weiss and Young 1975より）

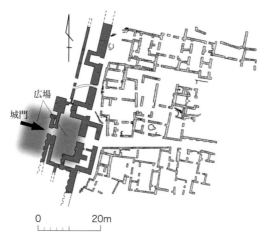

図6 ハブーバ・カビーラ南の広場（Kohlmeyer 1997より作成）

超える口頭発表・ポスター発表を行った。同会議における関連発表の一部を紹介すると、湿地帯の広がるシュメール地方における遺跡間のマクロな関係性において、水路や運河等の重要性があらためて見直されている。同時に、遺跡内のミクロな空間分析として、都市における近隣広場（Neighbourhood Squares）、儀礼広場（Ceremonial Squares）、市場（Market Squares）などの通時的な再解釈が試みられている。

シュメール地方に特有な湿地帯において、人々は快適な空間とし
て都市を人工的に構築した。都市間は「道路」だけでなく「水路」
「運河」によってつながり、都市の波止場や港の解明が重要になって
くる。周囲からのアクセスが容易なシュメール地方では、もともと
「よそ者」を招来しやすい風土であり、異なる考え方をもつ人々が共

存していける空間形成、すな
わち都市づくりがおのずと指
向された。都市内では、多様
な価値観をもつ「よそ者」を
受容するだけの空間的な余裕
が設けられ、彼らの日常的な
コミュニケーションにとどま
らず、考え方の違いに起因す
る様々なトラブルを回避する
目的で、広場的空間が有効活
用されていったと考えられ
る。広場的空間のさらなる具
体的な利用については、今後
の考古学的研究の成果により
少しずつ明らかにされていく
ものと思われる。

図7　ウマイヤッド・モスクにつながるスーク（シ
リア、ダマスカス　2008年筆者撮影）

参考文献
Kohlmeyer, K. 1997 Habuba Kabira. In E.M. Meyers, et al.（eds.）, *The Oxford Encyclopedia of Archaeology in the Near East*, vol.2, pp. 446-448. Oxford, Oxford University Press.
Rothman, M.S. 1994 Sealing as a Control Mechanism in Prehistory: Tepe Gawra XI, X and VIII. In G. Stein and M.S. Rothman（eds）, *Chiefdoms and Early States in the Neat East: The Organizational Dynamics of Complexity*. Monographs in World Archaeology 18, 103-120. Wisconsin, Prehistory Press.
Strommenger, E. 1980 *Habuba Kabira: eine Stadt vor 5000 Jahren*. Mainz am Rhein, Verlag Philipp von Zabern.
Weiss, H. and T.C. Young Jr. 1975 The Merchants of Susa: Godin V and Plateau-Lowland Relations in the Late Fourth Millennium B.C. *Iran* 13: 1-18.
Woolley, S.L. and M.E.L. Mallowan 1976 *Ur Excavations Vol. VII: The Old Babylonian Period*. London, British Museum.
小泉龍人 2016『都市の起源』選書メチエ　講談社
ロイド,S.・H.W.ミュラー（堀内清治訳）1997『エジプト・メソポタミア建築』図説世界建築史2 本の友社
https://eventi.unibo.it/12icaane

古代エジプトの広場的空間

遠藤 孝治

はじめに

　古代エジプトの「広場」について以下で紹介する事例のほとんどは、一般民衆に開放された公共の広場とは呼べないものである。残念ながら、発掘調査の結果から我々がわずかに知ることのできる古代の様相は、為政者の歴史が中心であるとともに、残存する大規模な建造物や図像史料等の解釈をもとに推測がなされる範囲にとどまらざるを得ないため、民衆レベルの日常的な交歓の場をつまびらかにすることは困難である。しかしながら、個々の広場自体の成立背景や利用目的の違いによって民衆に対する開放の度合いが異なり、その用いられ方は様々であったと考えられるため、幅広い視点で古代エジプトにおける広場の事例を追い求めてもいいのではなかろうか。もともとは集落における祭礼などの集会の場が、やがてフォーマルな形態に変わり、神殿複合体や王宮建築における祭儀空間に発展していったという可能性も考慮するならば、広場に相当する機能を有したと思われる空間について、多角的なアプローチで浮き彫りにしていくことが有効であろうと考えた。

　以上のような前提に基づき、古代エジプトにおいて「広場的な空間」とはいかなるものであったのか、主に以下の3つの視点から考察を巡らせることとし、それぞれについて代表的な事例を取り上げながら解説を行っていきたい。

広場的空間の手がかりとする3つの視点

【視点1】神殿複合体における祭儀空間としての広場：事例1〜4
【視点2】王宮複合体における広場：事例5〜6
【視点3】都市域における住民のための広場：事例7〜8

【視点1】神殿複合体における祭儀空間としての広場

事例1　ヒエラコンポリス遺跡の最古の祭祀施設
所在地：エジプト南部・ヒエラコンポリス（コーム・アル＝アハ
マル地区）
年代：紀元前3500年頃

　ヒエラコンポリスは、古代エジプト先王朝時代後期から初期王朝
時代にかけて500年以上にわたり繁栄した居住地遺跡である。紀元
前3000年頃に古代エジプトの統一国家を初めて築いたナルメル王
の出身地ともいわれ、当時における政治・経済・宗教の中心地とし
て、後の王朝時代の基礎を築いた重要な場所であった。1980年代
後半と2000年代初頭に行われた発掘調査の結果、HK29Aの「セレ
モニアル・センター」と呼ばれる区域において、壁で囲まれた長さ
約45メートル、幅約13メートルの楕円形の広場を有する古代エジ
プト最古の祭祀施設が発見された。柱穴の跡や図像史料等の解釈に
より、4本の巨大な柱と2列に並んだ8本のやや小さな柱で構成され
た記念碑的な入口が存在したと考えられている。周辺で発見された
竪穴からは、フリント石のナイフを削った砕片のほか、3万点以上
に及ぶ家畜や魚、野生動物の骨が出土しており、この広場で催され
た宗教的儀礼との関係が強く指摘された。同時代における図像史料
の解釈をもとに、野生動物と格闘して服従させ、儀式用のナイフで
屠殺が行われたことは、混沌とした世界の秩序を維持するための力

の証明として、人間の勝利を演出したものではないかといわれる。

　ヒエラコンポリス遺跡では先王朝時代の集落や墓地、土器の窯炉、ビール工房址などが発掘されており、古代エジプトの国家形成や王権との関わりについて今なお継続的な議論がなされている。不確定な部分があることを許容したとしても、HK29Aのセレモニアル・センターでは、儀礼の際に周囲の集落に居住する人々が集まったことが容易に想像できるであろう。本遺跡は、「祭儀空間としての広場」の存在が明らかな形として残存する古代エジプトの最古の事例と考えられる。

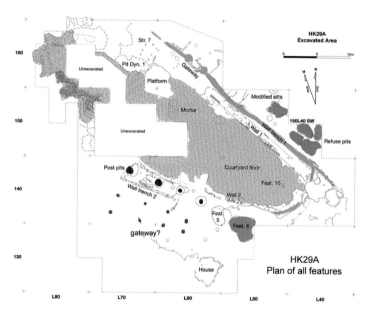

ヒエラコンポリス遺跡：HK29Aのセレモニアル・センター（楕円形の広場）
Friedman, R. F.（2009）: Hierakonpolis Locality HK29A: The Predynastic Ceremonial Center Revisited, *Journal of the American Research Center in Egypt* 45

事例2　ジェセル王の階段ピラミッド複合体
所在地：エジプト北部・サッカーラ地区
年代：紀元前2630〜2611年

　人類最古の大規模石造建造物といわれる第3王朝ネチェリケト王
（ジェセル王）の階段ピラミッドは、古代エジプトの行政都市メン
フィスの西に広がるサッカーラ地区に残存している。建設当初の設
計は現在確認できる姿ではなく、階段状のピラミッドや周囲の構造
物は、建造過程で幾度も計画変更された結果として成立したもので
あることが発掘調査で明らかにされている。特に注目すべき点は、
最初の小規模な段階では、南部のアビュドス遺跡に残存する「神々
の砦（集会場）」と解釈された前時代の葬祭周壁の構成に類似してい
たという見解があり、ピラミッドの南側に広がる中庭空間や、周壁
構造の南東隅に設けられた入口と祠堂（エントランス・チャペル）が
共通の特徴である。古代エジプトのヒエログリフ（聖刻文字）で、神
殿を表す「フト」という文字も、同じように長方形の囲いの片隅に
小さなチャペルを備えたようなかたちで表現される特徴があり、形
式的に建築表現の中でも受け継がれていったことがうかがえる。
　階段ピラミッドの南側に広がる中庭空間や南東側に建てられた建
造物群は、図像史料に基づく考察と併せて、境界標の間を王が走行
する儀礼が行われたという王位更新祭（セド祭）との関連が指摘さ

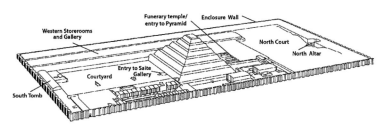

サッカーラ地区：ジェセル王の階段ピラミッド（走行儀礼のための中庭空間）
Capart, J. (1930): *Memphis à L' Ombre des Pyramides*

れており、現世における儀礼空間を複製したものとして、王の死後、来世でもこの中庭をもつ葬祭複合体で永続的な祝祭を挙行するための演出が図られていたと考えられている。セド祭の儀式において、王は特別なローブをまとい、上エジプトと下エジプトの王として2つの玉座を備えた台座に座る。また、儀式の舞台には地方の様々な神を祀った祠堂が配置される。現世では、通常これらの儀礼のための祠堂は木材や織物で仮設されたため、残念ながら図像史料以外に実物は残存していないが、ジェセル王の階段ピラミッド複合体では石で複製されている。まさに、神々が集う場所が王の再生を繰り返す永遠の舞台として具現化された例と考えられる。

事例3　ラメセス3世の葬祭殿
所在地：エジプト南部・ルクソール西岸（マディーナト・ハーブ地区）
年代：紀元前1194〜1163年

　ここまでの事例は、古代エジプト王朝の黎明期における祭儀空間としての広場の成り立ちを見てきたものであるが、儀礼のための広場や神々の祠堂は第4王朝時代の真正ピラミッドの誕生とともに変化し、王の霊を供養するための神殿建築が葬送儀礼の中心的空間となった。また、事例2のジェセル王の時代から千年以上が経過した新王国時代にもなると、王がピラミッドを築くこともなくなり、巨大な神殿建築を造営するようになった。以下では、古代エジプト王朝の中でももっとも繁栄を誇った新王国時代における祭礼と神殿建築の関係を眺めていきたい。
　ルクソール地区（古代ギリシア名：テーベ）の西岸に位置する神殿のうち、非常に保存状態が良い事例は、マディーナト・ハーブ地区に残るラメセス3世の葬祭殿であり、しばしば新王国時代の神殿の典型例として紹介される。諸王が建造した葬祭殿は、実際には最高神アメンに捧げられた「記念神殿」と見なされるものであり、もっ

とも神聖な最奥部の至聖所はアメン神の崇拝に用いられ、舟形の神輿を安置するための台座が据えられた。当時の王は、死後だけでなく、生前に神殿を訪れた際もアメン神と習合して同一視される存在であった。

　ラメセス3世の神殿暦によると、同王の時代には60の祭礼があり、いくつかの祭礼は古代エジプトの1週間の単位である10日ごとに行われ、東岸にあるルクソール神殿からアメン神の像がマディーナト・ハーブ地区の神殿に運ばれてきたといわれる。この神殿で注目されるのは、第1中庭の南外側に建てられた小型の王宮施設である。祭礼の際に、王とその側近が滞在するための儀礼用の宮殿と解釈されており、第1中庭に面して王が姿を現す「出現の窓」が設けられている。窓の周囲の壁面には王が外国の敵を制圧する姿が描かれるとともに、打ち倒した敵の首の像が並べられることで王の威光が示された。研究者の解釈によれば、年に1、2回程度の頻度で、この広場的な中庭空間が式典に用いられて、優れた功績を挙げた家臣に対して王から褒賞の授与が行われたということである。また、入口付近に広庭と関連した小宮殿を配置する設計は、事例2で述べたエントランス・チャペルの概念とも類似する。王がこの地を訪れるのは祭礼の時のわずかな機会だけであるため、神殿に設けられた小型の王宮と「出現の窓」は、特別に儀式的な意味合いをもって、アメン神と一体となった「現人神」としての王が出現する姿を演出する

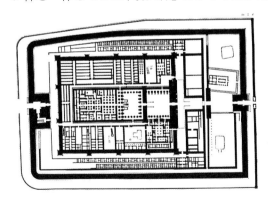

マディーナト・ハーブ地区：
ラメセス3世の葬祭殿（褒賞授
与のための中庭空間）
Hölscher, U. (1941)：*The
Excavation of Medinet Habu,
The Mortuary Temple of
Ramses III*

ための舞台をつくり出したものと考えられる。

事例4　新王国時代のテーベ（現在のルクソール）における神殿の祭礼
所在地：エジプト南部・ルクソール地区全域
年代：紀元前1550〜1070年

　神殿で催された数多くの祭礼のうち、新王国時代のテーベでもっともよく知られた大祭として「オペト祭」がある。オペト祭は、年に一度ナイル川の増水期に行われたものであり、カルナック神殿から南のルクソール神殿に向かって、ルクソールの三柱神（アメン神、ムト神、コンス神）の像が運ばれる。往路の目的地であるルクソール神殿に到着すると、王は群衆を外に残して最奥部の閉ざされた部屋に入り、そこでアメン神との神秘的な融合を果たした後、肉体的・精神的に活力を再生した神的存在として再び神殿の中庭に現れる。この儀式は、王が支配者としての揺るぎない力を誇示するとともに、王権の正当性を臣民に表明するための一種のパフォーマンスとして機能したとみられている。王が神殿の奥の暗闇から再び力強い姿で現れる瞬間は、奇跡のような興奮をもたらす劇的な舞台であったかもしれないであろう。あたかも祝賀パレードのように、ルクソール神殿から出発する復路では、神々の像はそれぞれ別の船でナイル川を移動することになり、人々が岸辺からロープで牽引した。この盛大な祭りは、新王国時代第18王朝期には11日間続き、第20王朝期のラメセス3世時代の末期には27日間にまで延長され、神輿の巡行路もたびたび変更されたといわれる。
　祭礼において、神像を乗せた聖舟の行列は、スフィンクス像が両脇に並ぶ参道を練り歩き、ある程度の距離をあけて設けられた小祠堂に到着するたびに休憩がとられ、その小祠堂の中に神輿と神像が一時的に安置された。神殿は普段は扉が固く閉ざされ、一般庶民は入ることができないが、祭礼の時のみは道中で神像を運ぶ様子を直

接拝み見ることができ、神々に対し願い事をしたであろう。神殿からは「供物の返還」として、パンやケーキ、ビールが祭礼に参加した人々に分配されたという記録もある。また、神殿に彫刻された壁画には、神輿を担ぐ神官たちに加えて、音楽隊や踊り手、歌い手が行列に付き従っていた様子も鮮明に描かれており、当時の絢爛豪華な情景が想起される。祭礼日には、神殿の周囲だけでなく、行列の参道や休憩所の祠堂などに人々が集まり、国の安泰や五穀豊穣を祈る民衆のための交歓の場が自然とできたのではないかと思われる。その一つひとつを広場の跡地として見いだすことはできないが、マクロ的な視点で俯瞰するならば、ルクソール地区全域が祭儀空間としての公共の広場的な役割を果たしたのではないだろうか。

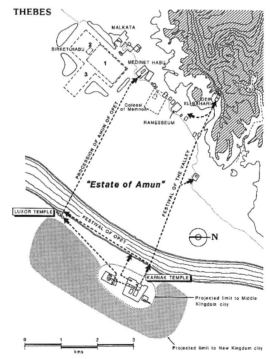

ルクソール地区全域：「オペト祭」と「美しき谷の祭」の神輿の巡行路（神殿域の祭礼と広場）
Kemp, B. J.（1989）：*Ancient Egypt: Anatomy of a Civilization*

【視点1】まとめ

　以上、最初の【視点1】では、「神殿複合体における祭儀空間としての広場」という観点から、古代エジプトの広場的な空間について考察を試みた。ヒエラコンポリス遺跡で発見された紀元前3500年頃の楕円形の広場を有する祭祀施設が、現時点で明確な証拠が残る古代エジプトで最古の広場的空間である。そこから歴史を順に追っていくと、集落の中に築かれた祭儀のための粗野な広場的空間は、次第に「神々の砦（集会場）」と解釈される周壁構造物に置き換わり、ジェセル王の階段ピラミッド複合体に見られるような形式的に洗練された建築表現に昇華したと考えられる。同様の周壁構造による祭儀空間は、古代エジプト中王国時代の復古主義により、一部の王のピラミッド複合体で採用された事例があるが、やがてその姿を変えながらも、新王国時代に発達した王の神殿建築にまで基本的な概念が連綿と継承されていったと見られている。最後の事例4では、テーベにおける複数の神殿でつながれた領域で催された国家的祭礼にも目を向けたが、いずれの事例でも古代社会における王権の維持との関係を指摘できる。古代エジプトは、国家の安寧を保証する手段として、多分に宗教と政治が融合した儀礼が必要不可欠であった社会構造であり、王たちは、支配者としての権力を現世および来世において永続的に表明するために、広場的な空間を一種の舞台装置と見なして巧みに活用していたのではないかと思われる。

【視点2】王宮複合体における広場

　　事例5　マルカタ王宮
　　所在地：エジプト南部・ルクソール西岸（マルカタ地区）
　　年代：紀元前1391〜1353年

ルクソール西岸において、事例3で紹介したラメセス3世葬祭殿の南側には、新王国時代第18王朝期のアメンヘテプ3世が造営した王宮複合体のマルカタ王宮址が残存している。王宮の主要区域は、南北に約650メートル、東西に約500メートルの範囲に広がり、「主王宮（メイン・パレス）」、「北宮」、「西住居址」、「基壇建物（プラットフォーム）」、「アメン神殿」など、王族や高官の居住施設や祭殿等で構成されている。古代名で「ペル・ハイ」（「喜びの家」という意味）と呼ばれたこの王宮施設の領域は、出土した遺物からアメンヘテプ3世の王位更新祭（セド祭）を執り行うことを目的に、祝祭都市として計画されたものだといわれており、現在残る王宮は、王の2度目のセド祭の時に建てられたものと推定されている。

　王宮域の東側には、南北約2キロ、東西約1キロの巨大な人造湖「ビルケット・ハーブ」の跡があり、掘り起こされた沃土の堆積でできた小山がT字型を成すように連なる様子を現在も空中から見ることができる。この人造湖もまた、アメンヘテプ3世のセド祭のため

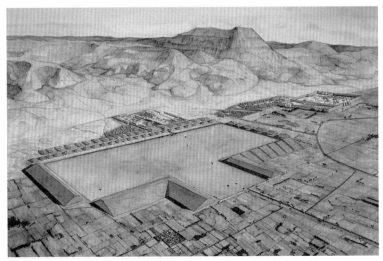

マルカタ王宮：アメンヘテプ3世の人造湖「ビルケット・ハーブ」（水上の儀礼的広場）
Goyon, J.-Cl., Aufrere, S., Golvin, J.-Cl. (1991) : *L'Egypte restituée*

に掘られた儀礼用の湖であり、計画変更により、王の治世の晩年に今の大きさにまで拡張された。ここでは水上の儀式が行われたという説があり、実際に、当時の高官ケルエフの墓には、役人や王の従者達が式典のために王宮に招かれて褒美と食事をもてなされ、人造湖に浮かべられた王の「昼の船」と「夜の船」の2隻をロープで牽引したことが記録されている。

　古代エジプトにおいて、太陽神は、昼に「マアンジェト」という船で天空を旅し、夜になると「メスケテト」という船で冥界を旅するものと考えられており、このような概念をアメンヘテプ3世は人造湖での儀式に採り入れたと解釈できる。太陽神と同一視されたファラオは、「昼の船」と「夜の船」に乗って来世で永遠の航行を繰り返すことで、不滅の存在となることを王墓の天井に頻繁に描いているが、王位更新祭が催されたマルカタ王宮では、人造湖をいわば「水上の広場」として活用し、現世における王の力の再生を臣民に見せつけて、まさに日々昇りくる太陽のような神々しさを演出したのではなかろうか。この王宮からは祝祭のために用意された食事や飲み物を保存したアンフォラ容器も大量に発見されており、多数の来訪者が集まって盛大な祭典が執り行われたことは疑いのない事実である。

　　事例6　アマルナ王宮
　　所在地：エジプト中部・アマルナ地区
　　年代：紀元前1353〜1335年

　現在のカイロとルクソール地区のほぼ中間辺りに位置するアマルナ遺跡は、マルカタ王宮の次代の王宮都市として、アメンヘテプ3世の息子で後継者のアメンヘテプ4世（後にアクエンアテンと改名）が治世5年に新都として開発した都市である。同王は、国家神であったアメン神を排除して、太陽円盤で表されるアテン神をすべての神の中心とする宗教改革を断行したことで有名であるが、わずか17

年の治世が終末を迎えると、息子のツタンカーメン王時代の間に北のメンフィスへと遷都がなされ、その後この都市は再び大きく利用されることがないまま砂の中に埋もれることになった。

　この地の古代名は、アケト・アテン（アテンの地平線）と呼び、ナイル川の両岸に複数の境界碑が築かれて都市全体の領域が示されている。領域内において、ナイル川西岸には広大な農地が広がっており、王宮や神殿、居住施設等は、主にナイル川東岸の南北約8キロ、東西約1.5キロの範囲に集中して建設された。都市計画のマクロ的な視点で見れば、この都市では、南北方向に主要な神殿や王族の居住施設を一直線上に配置するとともに、東西方向は都市中央部にある神殿の入口から東の奥方向を見て、真っすぐ軸線上に位置するように岩山奥深くに王墓を造営するなど、明確な計画のもとで開発されたことがうかがえる。都市域の中央には、「大王宮」「王の邸宅」「大アテン神殿」「小アテン神殿」のほか、官庁施設などが集まる「中央市街」があり、その南と北側に居住域が広範囲に分布している。以下では、「中央市街」の「大王宮」（事例6-1）、「王の邸宅」（事例6-2）を例に挙げ、王宮施設における広場的な空間を考察する。

　　事例6-1　アマルナ王宮・中央市街「大王宮」
　　所在地：エジプト中部・アマルナ地区
　　年代：紀元前1353〜1335年

　中央市街のうち、ナイル川沿いに配置された南北の長さ約600メートル、東西の幅約200メートルの区画は、過去の発掘者によって「大王宮（グレート・パレス）」と名付けられた。残念ながらナイル川の増水による浸食を受けて、施設の北側から西側にかけて大部分が消失しているが、同時代の高官墓の壁画史料に基づく復元により、塔門を備えた2つの大きな中庭広場があったと推定された。ひとつの広場の大きさは南北約140メートル×東西約170メートルであり、北側の入口から中に入ると、東西両側に花崗岩製の王の彫像

アマルナ王宮：大王宮（グレート・パレス）の復元模型（王宮前広場）
University of Cambridge: *Amarna Project*
（https://www.amarnaproject.com/pages/model_of_the_city/index.shtml）

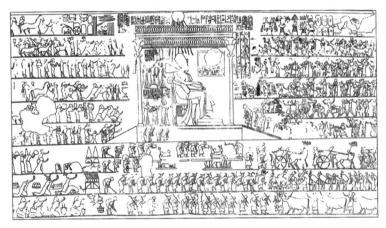

アマルナの岩窟墓：外交使節団による貢物献上の場面（広場で行われた式典）
Davies, N. de G.（1905）: *The Rock Tombs of El-Amarna* II

が台座の上に等間隔で立ち並び、正面にある大王宮の中央には柱が
立てられた王の謁見台があった。これは、いわゆる「王宮前広場」
と呼べるものであろう。この王宮の当時の優美な姿を想像させる証
拠として、中庭の東側に残存する施設では、豪華に装飾された柱廊
があり、水鳥や小動物が躍動する水辺の様子や、後ろ手に拘束され

た外国人捕虜を描いた床面の彩色画などが発見されている。

　大王宮で行われた式典の手がかりとしては、高官墓の壁画史料においてアクエンアテン王の治世12年に外交使節団を盛大に迎え入れた例がある。その絵では、オープンスペースの中央に配置された基壇に王の家族が座り、外交使節の代表者が王に向かって敬意と忠誠を示し、貢ぎ物を献上する者や、両手を上げて地面にひれ伏す者たちもいる。また、その周りではエジプト人の兵士が護衛を行っている様子も見て取れる。実際にこの絵の式典が行われた場所は、大王宮とは別の祭壇ではないかという見解もあるが、大王宮の広場でも同じような情景が思い起こされるであろう。

　新王国時代のエジプトでは、多くの外国人居住者がいたことがわかっており、外交上の理由で王と結婚をした王女もいた記録がある。アマルナ王宮の公文書館では当時の外交文書として用いられた楔形文字の粘土板（「アマルナ文書」と呼ばれる）が400点近く発見されており、それによれば、アメンヘテプ3世が結婚したミタンニ国（当時：メソポタミア北部に存在した王国）の王の娘が、金の宝石を象嵌した耳飾りや指輪、ネックレスなどの装飾品を貢ぎ物として持参するとともに、二人の侍女と、女性270人、男性30人の従者が連れ添ってきたという。アマルナ文書では、ほかにもバビロニア、アッシリア、ハッティ（ヒッタイト）、アラシア（キプロス）等の国々とも書簡が交わされ、互いに「兄弟」と呼んでいたこともある。もちろん軍事的な制圧により支配関係にあった国もあるが、当時の書簡からは、王宮前広場で行われた式典が王の威光を誇示する目的だけでなく、多分に異文化交流の側面も有していたのではないかと想像できる。

　　事例6-2　アマルナ王宮・中央市街「王の邸宅」
　　所在地：エジプト中部・アマルナ地区
　　年代：紀元前1353〜1335年

発掘者によって「王の邸宅」と名付けられた施設が、事例6-1で紹介した大王宮から「王の道」と呼ばれる大通りを挟んで東側に位置している。王の邸宅という呼称ではあるが、プライベートで王が居住するためのものではなく、神殿での礼拝や行政のために神官や家臣達と接見する際に利用した職務上の邸宅であった。全体で南北約120メートル×東西約140メートルの区画のうち、西側には大きさ約70メートル×約60メートルの広場があり、北側の中央門から続く並木道が設けられ、南側後方に広場に面した小型の王宮が存在する。また、広場の西には大王宮と陸橋でつながる出入り口通路も備えられている。

　王宮内において、大列柱ホールの東隣にある小広間には、北壁に接して台座があり、ここから出土した壁画片の考察によって、広場のある外壁面に、拘束された捕虜の絵が繰り返し描かれていたことが判明した。これは広場の利用目的に関する重要な発見であり、事例3のラメセス3世葬祭殿内に設けられた付属宮殿と同様に、王の「出現の窓」がここに存在したと推定され、王が台座に昇って窓から姿を現し、広場に招集された家臣に対して褒賞の授与や昇進の儀式が行われたと考えられている。

　王が褒賞を授与する場面は、同地区にある高官墓の壁画にも頻繁

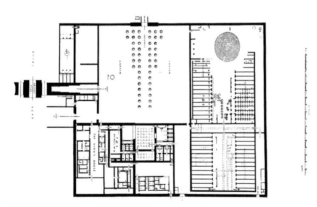

アマルナ王宮：中央市街の「王の邸宅」（褒賞授与のための広場）
Pendlebury, J. D. S (1951)：*The City of Akhenaten, Part 3, The Central City and the Official Quarters*

に描かれており、広場での活動を知る上で有力な証拠となっている。壁画では、王と王妃が隣り合って忠実な家臣に手を差し出し、家臣は誇らしげに両手を上げて王から授かった金の首飾りを重ね付ける様子が見られる。その周りには授与された品々を記録して箱に詰める書記や使用人、アンフォラ容器や籠を肩に担いで運び出す従者たち、自分の出番を待ち構える家臣や馬車も描かれ、きらびやかな儀式であったことが想像されるであろう。また、同時代の文字史料によれば、こうした特別な機会の褒賞授与だけでなく、日用品や穀物の定期的な配給も王から家臣に対して行われたことがわかっている。現代的に見れば、指導者としての職務上の役割を王が行使しているものと解釈できるが、当時においては「神からの恩恵」として振る舞われた崇高な行為であり、王と家臣の絶対的な主従関係を構築するために広場が活用され、古代エジプトの国家統治に寄与していたのではないかと考察される。

　職務上の王の邸宅とは別に、王族のための日常的な住まいは、都市の北端に位置する要塞化された「北の河岸宮殿（ノース・リバーサイド・パレス）」にあったといわれ、そこから南に向かって「王の道」と呼ばれる大通りが、中央市街の王宮施設まで約3.5キロの長さで続いていた。アマルナの高官墓における壁画史料では、王と王妃が馬車に乗って神殿から出発し、警察長官と護衛に先導されて王宮に向かう様子が描かれている。都市の居住域を通過して王が中央市街に現れる姿は、臣民の注目を集めるパレードのようなものであり、いうならば神が日常世界に降臨する儀式的な要素もあったのではなかろうか。王のパレードが行われた大通りの各所に人々が集まり、公共の広場的な空間の役割を果たしていたと思われる。

【視点2】まとめ

　以上、【視点2】では、「王宮複合体における広場」という観点において、王が宮殿施設の中に計画的に造営した広場的な空間の事例と

それぞれの機能について考察した。残念ながら、主に日乾煉瓦で造られた王宮施設は残存例が極めて乏しく、わずかに発掘が進められている都市遺跡であってもいまだ不明な点が少なくない状態である。本考察では、古代エジプト新王国時代に属するアメンヘテプ3世のマルカタ王宮と、その息子であるアクエンアテン王のアマルナ王宮に限定した事例紹介となったが、【視点1】で注目した「神殿複合体における祭儀空間としての広場」と同様に、王がその権勢を臣民や外交使節団に誇示し、国家の統治を盤石なものとするために、王宮施設内の広場を活用していたことがうかがえる。また、今日にも見られるような王宮前広場での式典や褒賞授与の儀式だけでなく、皇室の祝賀パレードのような活動も古代エジプト社会で垣間見ることができた。当時においては、神と同一視された王の成せる崇高な行為であったと解釈されるが、指導者による公衆へのプロパガンダの始まりと見なせるものであろう。人類が集団生活を営む上での普遍的な活動として、宗教的かつ政治的にも、中心人物の下に支持者が参集してリーダーシップが発揮されるための広場的な空間が必然的に求められ、王宮施設においては必要不可欠な要素になっていったと考えられる。

【視点3】都市域における住民のための広場

　　事例7　アマルナ都市・主要市街
　　所在地：エジプト中部・アマルナ地区
　　年代：紀元前1353〜1335年

　アマルナ都市の住民のための居住域は、中央市街の北と南に広く分布しており、それぞれの居住域を「北郊外（ノース・サバーブ）」および「主要市街（メイン・シティ）」と発掘者が名付けている。19世紀末から20世紀初頭に行われたイギリスやドイツの調査隊による

大規模な発掘調査で都市の全体像が明らかにされ、数百戸に上る住宅の詳細平面図が作成された。また、20世紀末にもイギリス調査隊によって都市全域の平面図が改訂され、未発掘区域がいまだ大きく残っているものの、個々の住宅の大きさや配置、街路との位置関係まで詳しく把握できるようになった。

　都市全体の領域を示した境界碑の位置や、中央市街に建造された大神殿および王宮施設の配置については、計画性の高い都市計画がうかがえるが、居住域の住宅群はどちらかといえば無計画に広がっていったように見受けられる。主要市街には、ナイル川の流れに沿った南北方向に、おそらく地形に合わせて少し曲がりくねった3本の大通りがあり、東西方向には住宅群の間に細い街路がいくつか確認できる。大通りと街路が交わる箇所も計画性が認められず、公共の広場と断定できるような空き地は見つけられない。基本的な特徴としては、塀に囲まれた広い敷地を有した大型の住宅が大通りに面して建てられており、小型の住宅は大型住宅の間を埋めるように後から建設されていったようである。社会学的なアプローチから都市の人口を考察した研究があり、少なくとも2万人以上が北のメン

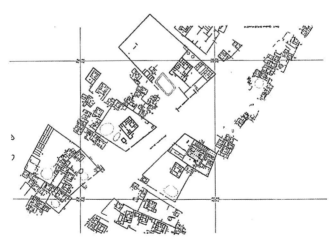

アマルナ都市：主要市街（メイン・シティ）の一部（市街地内の大通りの例）
Borchardt, L., Ricke, H. (1980) : *Die Wohnhäuser in Tell el-Amarna*

フィスや南のテーベ（ルクソール）などの大都市から王とともにこの地に移住してきたと推定されている。

　確認された700戸以上の住宅群のうち、大多数は50平方メートル前後の小型住宅であり、母屋の面積が200平方メートルを超えるような大型住宅は、全体の10％にも満たない数である。大型住宅の所有者は、宰相や将軍、大司祭などの高位の役人であり、王に近い者であっても中央市街から離れた場所に居住し、職場までは大通りを通って馬車で移動したらしい。大型住宅は、大きさや部屋の配置が完全に合致するものは存在しないものの、基本的な平面形態や構成要素が共通しており、「アマルナ型住宅」と呼ばれている。典型的なアマルナ型住宅には、ほぼ正方形の平面を成した母屋の中央部に、客人を迎え入れるための大広間があり、住宅内部がいわゆる社交の場としての機能を有していた。オープンスペースに見える敷地は塀に囲まれており、付属施設として礼拝堂や井戸、庭園、池、穀物倉庫などがあった。これらの付属施設は、公衆に開放されたものではないが、王の邸宅（事例6-2）で王が高官に対して褒賞や配給を行っていたのと同じように、大型住宅の主人も、敷地内において穀物や食料、日用品等を自分の従者や使用人たちへの手当として配分していた。おそらく高官たちは、ある種の地位の象徴として、自分の身分にふさわしい大きさで王宮施設の要素を採り入れて住宅を建設したのであろう。アマルナ型住宅の広い敷地は、住宅の主人を中心としたコミュニティを形成するために機能した空間であったと考えられる。

　　事例8　アマルナ都市・主要市街（自然発生的な広場の例）
　　所在地：エジプト中部・アマルナ地区
　　年代：紀元前1353～1335年

　ミクロ的な視点で都市域にある小型住宅の建設過程や、市街での日常生活にも目を向けると、わずかながらではあるが、人々の活動

と広場とのつながりを連想することが可能である。次の図は、ベルリン博物館に収蔵されている有名なネフェルティティ王妃の胸像が発見された彫刻家トトメスの大型住宅付近に建てられた小型住宅群の事例である。壁体の切り合い関係から大きく分けて3つの段階で発達した可能性が指摘されており、空いているスペースの隙間を埋めていくように、少しずつ小さな住宅がつくられて都市が密集していった様子がうかがえる。

　この場所の周りにも広い土地があるため、大きな家を建てようとしたならできたはずであるが、あえて狭い場所に集まって住んでいる理由は、親類も含めた大家族が同居して部屋や屋階を共用したためではないかと推測されている。アマルナの都市域では、同じように小型住宅が密集した場所を至る所で確認でき、塀に囲われていない共同生活のための空き地には、井戸が掘られたり、共用の小さな礼拝堂や穀物倉庫が設けられたりした。裕福ではない民衆にとって

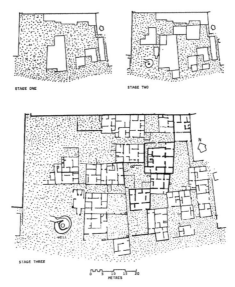

アマルナ都市：主要市街における小型住宅の建設過程（空き地につくられた共用の井戸や礼拝堂の例）
Kemp, B. J.（1977）: The City of El-Amarna as a Source for the Study of Urban Society in Ancient Egypt, *World Archaeology* 9-2

も、このような共用施設が備えられた空き地が広場的な空間となり、庶民的なコミュニティが自然発生的に形成されていったと考えられる。

　そのほか、都市域の活動を想像するに当たり、経済活動の主たる交通路であったナイル川沿いにかつて港が存在し、人々が集まる場所となったことは疑いない。残念ながら、ナイル川沿いの都市域は増水による浸食を受けて失われている部分が多く、未発掘区域も残されているためいまだ不明点も少なくない。しかし、食料品だけでなく様々な物品がエジプト国内および外国から王都アマルナに運び込まれていたことは明らかであり、河岸にはそれらを貯蔵するための倉庫や、製品の加工場があったと推測されている。市街では、陶器やファイアンス、ガラス製品等を製造した工房址も実際に発見されており、サンダルや籠、麻布などの製造業も営まれていた。加えて、パンの製造や、ビールおよびワインを醸造する者、食用の家畜を加工する者も街中に存在し、ナイル川の西岸に広がる農場で収穫した穀物を舟で渡って運んでくる農民や、川で魚を捕まえる漁師も当然いたであろう。アマルナと同じ新王国時代のディール・アル＝マディーナの村で見つかった文字史料によれば、労働者は穀物で報酬を得ており、穀物を物々交換の媒体のひとつとして使用していた。また、同地区にあるラメセス時代の墓には、河岸で物々交換が行われていた証拠の壁画がある。想像の域を出ないが、おそらくアマルナ都市でもモノとヒトが集まる河岸の土地に市場が設けられ、庶民同士の交流や取引が日常的に行われて活気に溢れる広場的な空間が自然に生まれていたのではないかと思われる。

【視点3】まとめ

　最後に、【視点3】では「都市域における住民のための広場」という観点から、王族ではなく、一般民衆が利用した広場的な空間を探すために、広範囲に及ぶ居住地や街路が発掘されているアマルナ遺

跡の都市を事例に挙げて考察した。都市域には、大通りに面して高官の大型住宅が不規則に建ち並んでいるが、いずれも塀に囲われた独立住宅であり、敷地内の庭園や井戸などの付属施設は一般に開放されていない。また、小型住宅は大型住宅の間にできた空き地を埋めるように無秩序に建設されており、王都におけるマクロ的な視点で見た都市計画は居住域の住宅群には反映されていなかった。西洋の街並みで見られるような、広場を中心とした計画的な街路形成はなかったといえるが、その一方で、独立した大型住宅の広い敷地は、住宅の主人を中心としたコミュニティの形成に生かされ、民衆の暮らしを支える基盤として機能していた。王の邸宅の広場で、王から高官たちへの褒賞授与や配給がなされたように、大型住宅の主人は従者や使用人達に手当を振る舞うことで、連鎖的に国家経済のサイクルが循環されたのであろう。さらに、小型住宅に住まう庶民の生活にも目を向けると、公共の井戸や礼拝堂等を中心とした小さなコミュニティが自然発生的に形成されていた様子を確認することができた。同時代の文字や壁画史料からは河岸に市場が設けられたことも知られており、残存する建築遺構として具体的な大きさや位置を特定することはできないものの、庶民生活の中で物々交換や取引が日常的に行われた広場的な空間が古代エジプトの都市にも存在したと考えられる。

近現代の広場

市川 紘司 ＋ 東北大学大学院 五十嵐太郎研究室

はじめに

　国民国家と市民社会は近現代世界の基礎的な特徴といえる。次頁からは、そのような近現代世界の歴史に関わる都市広場を紹介する。すなわち、各国首都の中心部に立地し、国を代表する施設（国会、博物館、裁判所等々）が集中的に附設された「国民広場」、あるいは民衆による集会やデモ行進の舞台空間となった広場を取り上げた。もちろん、ある広場においては両者ともに見られることもある。天安門広場はそうした広場の典型例だ。国家主導の記念式典や軍事パレードが開催される一方で、政府に対抗する民衆デモもたびたび実施されてきた。都市の中で公に開かれた面的広がりのある空間を広場であるとひとまず定義するならば、近現代世界においては、そこはある種の政治性を帯びざるを得ないのだ。

　近現代世界の著名な広場を調べるに当たり、私たちは広場のハード面とソフト面、つまり物的な構成とその使われ方に注目した。特に使われ方の時期ごとの変化には注意を払った。実際のところ、広場は時代の醸成や社会体制に合わせて、実に多様な使われ方の変化を起こしている。広場の特徴を「絵画や彫刻とは著しく違って、絵筆やノミによる最後の仕上げというものがない」ことに置いたのは、古今の都市広場を通時的に論じた『都市と広場——アゴラからヴィレッジ・グリーンまで』の著者ポール・ズッカーだった。あるいはこのような「仕上げられなさ」は、社会の中で建設され、長く人々に使い倒されていく定めにある「建築」という存在そのものに

普遍的に見いだし得るものでもあるだろう。都市の開かれた公共空間である広場は、より種々様々な人々に使われるぶん、そうした質がより徹底的に現れるのだ。（市川紘司）

ナショナル・モール（アメリカ合衆国・ワシントンD.C.）

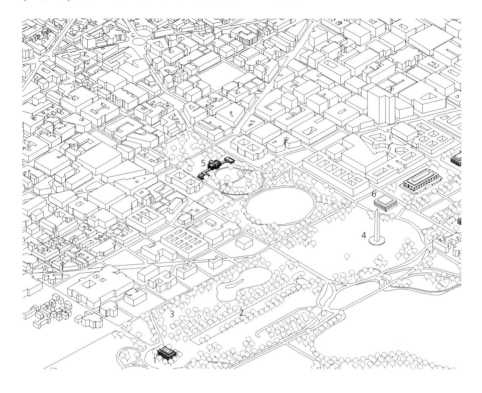

　首都ワシントンD.C.中心部に位置し、国家的な記念建造物が集約された広場。フランスの都市計画家ランファンが1791年に構想した計画をもとに、20世紀初頭に上院議員マクラミンらの再設計を経てつくられた。リンカーン記念堂からワシントン記念塔を貫通する軸線沿いに、新古典主義の自然史博物館やI.M.ペイによる増築で知られるナショナル・ギャラリーなどが建ち並ぶ。記念塔以西には、マヤ・リンによるベトナム戦争戦没者の名前を刻み込む慰霊碑や、デイヴィット・アジャイによる国立アフリカ系アメリカ人歴史文化博物館なども建てられ、現在のかたちになっている。ナショナル・モールではアメリカ大統領の就任式などの国家的行事が執り行われ

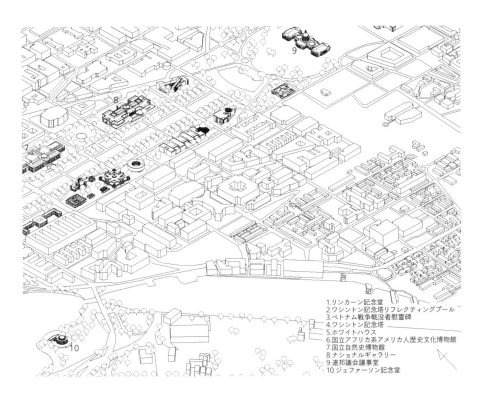

1.リンカーン記念堂
2.ワシントン記念塔リフレクティングプール
3.ベトナム戦争戦没者慰霊碑
4.ワシントン記念塔
5.ホワイトハウス
6.国立アフリカ系アメリカ人歴史文化博物館
7.国立自然史博物館
8.ナショナルギャラリー
9.連邦議会議事堂
10.ジェファーソン記念堂

る一方で、キング牧師が演説を行ったワシントン大行進などの人種差別反対集会［図］など、しばしば民衆による大規模な抗議集会や行進等が行われてきた。近年はホワイトハウス前でトランプ前大統領に対する反対集会が行われている。（石原拓実）

ワシントン大行進（パブリックドメインの画像）
出典：https://commons.wikimedia.org

天安門広場（中華人民共和国・北京）

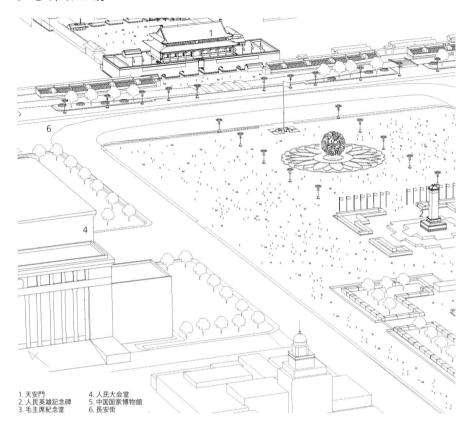

1. 天安門
2. 人民英雄紀念碑
3. 毛主席紀念堂
4. 人民大会堂
5. 中国国家博物館
6. 長安街

　故宮（紫禁城）の南門・天安門の南につくられた広場。南北880メートル、東西500メートルという巨大さで、約50万人の集会が可能である。「中軸線」と呼ばれる北京の都市軸に重なる南北軸上に、人民英雄紀念碑や毛主席紀念堂が並び、それを中国国家博物館と人民大会堂が東西から挟む構成をとる。広場の起源は15世紀の明代に遡ることができるが、当時はより小規模なT字形プランの広場だった。北京中枢に立地するが、外周は壁で囲われることで人々の出入りは禁じられており、皇帝権力に関わる限定的な儀式のみが行

われていた。1912年の辛亥革命後に一
般に開放されると、さらに新中国が成立
した1949年以後には大規模に改造され、
現在見られる広場の姿となる。毛沢東に
よる新中国建国宣言は、天安門から発せ

1919年の天安門広場で催された
「国民大会」
出典：陳棟等編『旧中国大博覧：
1900-1929』科学普及出版社、1995

られたものにほかならない。1949年以前の中華民国時代には、
1919年に始まる五四運動など、多種多様な民衆デモや「国民大会」
[**写真**] の舞台ともなった。（周子涵＋市川紘司）

皇居前広場（日本・東京）

1. 楠木正成像
2. 二重橋
3. 和田倉噴水公園

1817年の様子
（国土地理院所蔵　江戸實測図　（南）　伊能忠敬）

　皇居外苑に立地する広場。江戸時代には江戸城の一部（西の丸）として、老中・若年寄の役屋敷や会津藩・忍藩の屋敷が置かれていたが、明治維新後には官有地となり、芝生や植栽が整備されることで、現在の広場が完成していく。「国民広場」というべき象徴的な意味をもつ広場だが、明示的な記念建造物がほとんどない点に特徴がある。他方で、その使われ方は、時代ごとに多種多様に変化した。1898年の奠都三十年祭では儀式の主舞台となり、天皇と皇后

関東大震災時には避難場所として利用された
出典：東京都復興記念館所蔵

二重橋　出典：https://www.photo-a.com

占領軍のパレード　出典：https://commons.wikimedia.org

血のメーデー事件(1952年)
出典：https://commons.wikimedia.org

が群衆の前に姿を現した。特に戦前の昭和期には頻繁に天皇制儀礼が行われている。1923年に関東大震災が起こると、都心のオープンスペースとして避難場所となった。1945年の敗戦後には、占領した米軍のパレード、あるいは左翼勢力のメーデー集会が行われるなど、ある種の混沌期に入るが、1952年の日本独立を祝うメーデーへの参加者の一部が広場で警官隊と衝突した末（血のメーデー事件）、その利用は国家的行事のみに制限されることになった。以降、一部例外を除き、集会や儀礼がほぼ行われない空白期が続いた。（頼陽夏）

コンコルド広場（フランス・パリ）

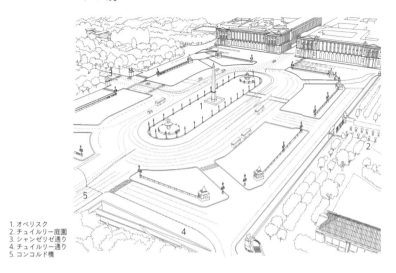

1. オベリスク
2. チュイルリー庭園
3. シャンゼリゼ通り
4. チュイルリー通り
5. コンコルド橋

1836年10月25日、オベリスクの建立式
出典：https://commons.wikimedia.org

　1755年、コンペに勝利した建築家ガブリエルによって設計された広場。18世紀後半の王政、共和制、帝政が揺れ動くフランスの中で、その象徴する意味を何度も変えてきた。当初の名称は「ルイ15世広場」だが、王政廃止とともに「革命広場」へと改名。広場中央にあったルイ15世像は台座を残すのみとなり、革命中は処刑の場として、ルイ16世やアントワネット、ロベスピエール等々の人々がギロチンにかけられた。その後は調和・協調を意味する現在の名称となり、1836年にはエジプト・ルクソール神殿のオベリスクが広場中心に建てられた。現在は広場の大部分がラウンドアバウトと化したが、ルーブル美術館から凱旋門、そしてラ・デファンスに至る軸線の起点として、パリの都市空間・景観の中で今なお重要な意味をもつ。（伊藤音々・一色智仁）

広島平和記念公園（日本・広島）

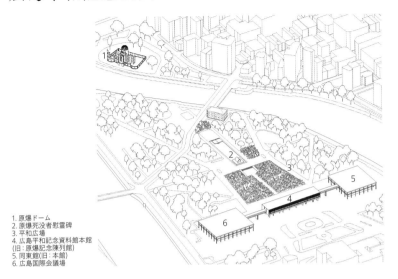

1. 原爆ドーム
2. 原爆死没者慰霊碑
3. 平和広場
4. 広島平和記念資料館本館
(旧：原爆記念陳列館)
5. 同東館(旧：本館)
6. 広島国際会議場

慰霊碑越しに原爆ドームを見る（撮影：市川紘司）

　広島市中島町に立地する公園。原爆によって壊滅的な被害を被った敷地を、戦後復興の象徴としての平和公園とするべく、1949年にコンペが行われ、丹下健三らの計画案が一等に選ばれた。そのプランは、原爆ドーム、慰霊碑、平和広場そして原爆記念陳列館（現・広島平和記念資料館本館）を一本の軸線で貫くものだった。戦後直後には未決定であった原爆ドームの保存は、こうした象徴的なプランによって強く後押しされた。陳列館はピロティで持ち上げられ、来園者を迎え入れる門として位置付けられている。常時観光客で賑わう観光地であるが、毎年8月6日には平和記念式典（上図は2004年時）が行われ、慰霊碑に向かって緩やかに傾斜する平和広場に参列者が並び、慰霊碑の前で式辞、献花、平和宣言などが執り行われる。（髙橋響）

新宿駅西口地下広場（日本・新宿）

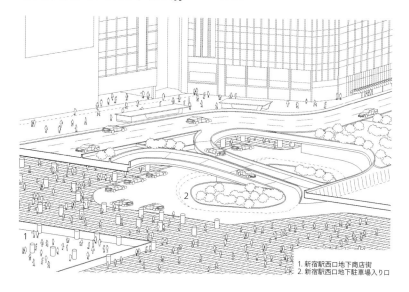

1. 新宿駅西口地下商店街
2. 新宿駅西口地下駐車場入り口

現在の西口地下広場（撮影：五十嵐太郎）

　新宿副都心計画の一環で、新宿駅西口の交通・景観整備のために建設された広場。設計者は坂倉準三で、1966年に完成した。1969年春からベトナム反戦運動のフォーク集会が都内の主要駅を中心に活発化したが、乗り換えの拠点である新宿駅は特に大規模集会の舞台となり、この広場が用いられた。その際には、地上と地下を結ぶらせん状の車道スロープにも多くの若者が占拠した。しかし同年6月に機動隊との衝突が起こり（反戦フォークゲリラ排除事件）、以降は「新宿駅西口地下通路」へと改称され、ビラ配りや長時間立ち止まったり座り込むことが禁止された。1990年以降には雨風をしのげる地下空間はホームレスの生活場所となるが、1996年のダンボール出火事件を契機として排除された。（菊池奈々）

光化門広場（大韓民国・ソウル）

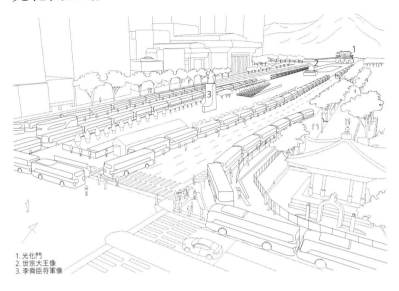

1. 光化門
2. 世宗大王像
3. 李舜臣将軍像

　景福宮の正門・光化門の南側にある、南北に細長い広場。2009年に再整備の上開放された。中央には諸種のイベントに用いられる空地や世宗大王・李舜臣将軍の銅像があり、東西には近代的なビルが建ち並ぶ。2016年の朴槿恵大統領退陣を求める

1990年代前半の光化門広場。門背後には総督府が見える（撮影：五十嵐太郎）

デモでも使われるなど、デモ活動の頻繁に発生する政治的な空間である。2020年には、デモ発生によるコロナウイルスの感染拡大を防止すべく、中央の空地両側を幹線道路が挟む空間的特徴を生かし、バスを並べてバリケード化するという、特殊な対策が警察によって取られた。上図ではその様子を描いている。なお、日本の植民支配時代の光化門背後には朝鮮総督府が建てられていた。戦後には国立中央博物館などに転用されたが、そのあまりに政治性の強い建ち方ゆえ、1990年代半ばに撤去されている。（水野雄大）

三権広場 (ブラジル・ブラジリア)

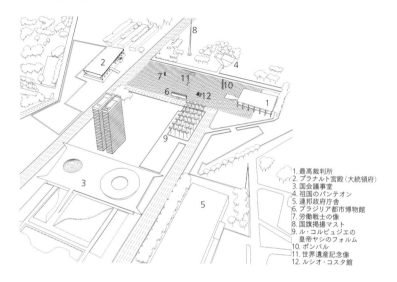

1. 最高裁判所
2. プラナルト宮殿 (大統領府)
3. 国会議事堂
4. 祖国のパンテオン
5. 連邦政府庁舎
6. ブラジリア都市博物館
7. 労働戦士の像
8. 国旗掲揚マスト
9. ル・コルビュジエの 皇帝ヤシのフォルム
10. ポンバル
11. 世界遺産記念像
12. ルシオ・コスタ館

開都前日に大統領府前に集まる人々
出典 : https://commons.wikimedia.org

　ブラジルの首都ブラジリアは20世紀後半に一から建設された近代都市。ルシオ・コスタによる、その飛行機形状の都市計画プランの機首部に位置するのが、三権広場である。広場には、オスカー・ニーマイヤーが設計した「三権」のための国家的施設である最高裁判所、国会議事堂、プラナルト宮殿 (大総統府) が三角形状に配置されている。開都前日のプラナルト宮殿前では、昼夜兼行で働いた労働者の姿が描かれた「ブラジリアの都市の鍵」が大統領に渡され、広場では大きな盛り上がりを見せた。毎月行われる国旗交換式に伴って議会活動の開示などの政治を市民に近づける催しが行われる一方で、農民運動家たちが広場でしゃがみ込むデモを実施して警察と衝突するなど、市民・政府との関係性が様々なかたちで現れる空間となっている。(石田大起)

赤の広場（ロシア・モスクワ）

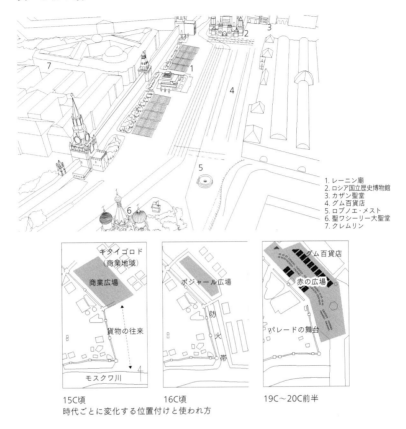

1. レーニン廟
2. ロシア国立歴史博物館
3. カザン聖堂
4. グム百貨店
5. ロブノエ・メスト
6. 聖ワシーリー大聖堂
7. クレムリン

キタイゴロド
（商業地域）

商業広場

貨物の往来

モスクワ川

15C頃

ポジャール広場

防火帯

16C頃

グム百貨店

赤の広場

パレードの舞台

19C〜20C前半

時代ごとに変化する位置付けと使われ方

　宮殿クレムリンの壁外にある広場。建設は15世紀前半だが、以後名称や位置付けが様々に変転している。建設当初は付近に流れる川との関係から「商業広場」として親しまれたが、16世紀には宮殿を火災から守る防火帯とともに「ポジャール（火事）広場」と呼ばれる。そして宮殿整備がはじまる17世紀に現在の名称となり、宗教と文化の中心地となった。ロシア革命後のソビエト政権はこの広場でたびたび軍事パレードを実施。レーニン死後は霊廟が建立されている。（福岡咲紀）

革命広場（キューバ・ハバナ）

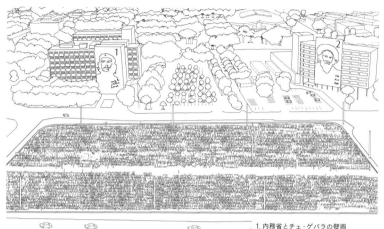

広場中央に建つホセ・マルティ・
メモリアル。高さ109メートル
出 典：https://commons.
wikimedia.org

1920年代後半、フランスの都市計画家フォレスティエによるハバナの新市街計画の中でつくられた広場。1959年のキューバ革命を経て現在の名称となる。それまでは「市民広場」だった。東に国立図書館、西に国立劇場、南にキューバ政府と共産党の革命宮殿、そして北には革命の英雄チェ・ゲバラとカミロ・シエンフエゴスの肖像壁画のある内務省と通信省が建つ。また広場中央には、19世紀の独立革命の英雄ホセ・マルティの記念碑が屹立する［写真］。これはキューバ革命で失脚する大統領バティスタがデザイン案を決定したことで知られる。毎年の「革命の日」（5月1日）にはこの広場で集会が開かれている［図］。ローマ教皇がキューバを来訪した際には100万人の人々が集まった。（伊山琳）

香港上海銀行香港本店ビル（中華人民共和国·香港特別行政区）

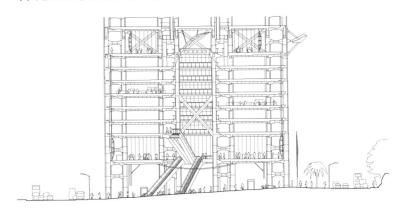

正面ファサードおよび1階ピロティ（撮影：市川紘司）

　香港上海銀行香港本店ビルは、イギリスの建築家ノーマン・フォスターの設計によって1985年に完成した「ハイテク建築」である。トラムなど交通量の多い道路に挟まれた立地である一方、南北には緑豊かな公園があり、それらをつなぐために1階にピロティを設け、開放している。設計には風水が取り入れられ、「龍脈」を遮らないことも考慮された。ピロティ空間は、常時多くの人が行き交うだけでなく、休日には出稼ぎにきた家政婦たちが座り込んで歓談するなど、広場のような様相を呈する。一時はバックパッカーたちがテントを張る生活の場とさえなった。香港の温暖な気候に加えて、吊り構造による開放的な空間が、こうした多様なアクティビティを後押ししているといえる。（一色智仁）

参考文献 (p144〜159)
・ジョン・A・ピーターソン 著／兼田敏之 訳『アメリカ都市計画の誕生』鹿島出版会、2011
・市川紘司『天安門広場：中国国民広場の空間史』筑摩書房、2020
・原武史『皇居前広場』光文社新書、2003
・元岡展久『パリ広場散策』丸善、1998
・成城大学文学部ヨーロッパ文化研究会編『ヨーロッパと都市』、成城大学文学部、2016
・丹下健三・藤森照信『丹下健三』新建築社、2002
・都市デザイン研究体『復刻版　日本の広場』彰国社、2009
・三浦展・藤村龍至・南後由和『商業空間は何の夢を見たか』平凡社、2016
・中岡義介・川西尋子『首都ブラジリア　モデルニズモ都市の誕生』鹿島出版会、2014
・キャサリン・メリデール著／松島芳彦訳『クレムリン 赤い城塞の歴史（上・下）』白水社、2016
・ディヤン・スジック著／三輪直美訳『ノーマン・フォスター　建築とともに生きる』TOTO出版、2011

これからの都市公園の公共性について

山﨑 誠子

当たり前だが公園利用は無料

　公園は自治体が土地を取得し整備し、地域の人々の誰もが利用できる空間で、設置には税金が使われている。建物がない公園は維持管理費があまりかからないように思えるが、滑り台などの遊具施設の点検修理、水飲み手洗いの水道料金、外灯の電気代、清掃、緑地の維持費など、しっかり年間維持費がかかっている。それを無料で提供している状態なので、もっと大切に扱って、ありがたく思ってもらいたいと常々思っている。

　基本的に、公園は利用者を差別しない。子どもから老人まで、性別関係なく、また貧富の差にかかわらず公平である。高級住宅街でも工業地帯でも公園は同じようにつくられる。このような空間はほかにあるだろうか。公園は文句を言わない社会の受け皿だと話している関係者もいる。そんなにがんばっている公園だが、一方で維持管理は年々減少する傾向がある。そこで苦肉の策としてとられているのが指定管理者制度。民間に管理を委託して、民間の知恵をもって少ない予算で公園を維持してほしいという狙いだ。自治体が安く管理できないものを民間がどこまで安く管理できるのか？　とりあえず公園に関係する何か商売でお金を儲けて維持管理費に使ってほしい、というのが、ぶっちゃけの理論である。公園自体の維持がマイナスなことを認めているという時点で××である。

　新宿中央公園や南池袋公園などのように、駅の近くや就業者、買い物客、住民が多く訪れる可能性がある公園や、美しく公園を新

設、改修した富山環水公園などは、多くの利用者があることがある程度予想され、指定管理者制度も何とか運営できそうだが、それはほんのわずかで、日本の公園のほとんどは収益を上げることが難しいだろう。その集客可能性大の公園たちもコロナ禍による人数制限、利用制限、ステイホームなどにより収益が見込めなかったという話も聞いた。ニューヨークの新名所となった「ハイライン」は、公園や街の緑のあり方に興味のある人から、とても魅力的な場所と認識されている。「あのような緑地はできないんでしょうかね日本では」と言われるが、民間企業や個人からの寄付が設置や運営資金になっているハイラインに対して、自治体まかせの日本の公園運営ではまず難しい。

　日本人にとって緑は、空気と水と一緒でお金を払わずして手に入れることができる、何もしないでも存在するものという意識があるので、住民の方々は維持管理に関しての意識は少しずつ上がってきてはいるものの、資金に関しての理解を得るのはハードルが高いだろう。

夏休みの観光客が多く往来するニューヨークのハイライン（2018年8月撮影）

コロナ禍の公園

　非常事態宣言や蔓延防止法など不要不急の外出を控えるよう、家に閉じこもるように国や自治体から要請される中、アミューズメント施設や文化施設の利用制限措置が取られると、換気と密度がある程度良好な状態に保たれると判断されて賑わったのが住宅地の中にある公園だった。管理者の判断で遊具の使用禁止やベンチの使用制限を行っているところもあったが、ほとんどの公園はコロナ禍前の利用形態のまま。

　一方、オフィス街の中にある公園は、例年であれば芝生利用者が多く芝生が荒れる、枯れるという被害が多いが、芝生が良好に保たれ、通常よりも美しい景観になっているという現象も発生した。

　コロナ禍での公園の利用状態については、東京都公園協会が指定管理している都立の公園についてはGoogleマップやツイッターで混雑状況、施設利用状況が発信された。公園について利用者がブログで「子どもを連れていっても安心して利用できる公園」や植物がきれいな公園など、リアルな状況を取り上げることはあったが、管理者からの積極的なリアルタイム発信はあまり行われていなかったため、このような管理者側からのリアル発信は新鮮に感じられた。

　また、海外に行くと、街角で簡単に無料のWi-Fiにつながり、公園や広場でタブレットやPCを広げることができることが多いのだが、日本は最近でこそ駅や空港では比較的Wi-Fiにつながるようになってはきたが、街角や公園でつながることがほとんどない状態だ。10年前ぐらいに大学生に公園にあったらいいものと聞いたことがあるが、3割ぐらいの学生がWi-Fiと答えていた。10年前のニーズを具現化していれば、もっとテレワークなどが多様に進んでいたかもしれない。

全世界からの新規入国拒否を1月から行うと発表した翌日のファミリーで賑わう二子玉川公園（2020年12月撮影）

公園は自然環境を学ぶ場へ

　日本の各自治体では、1973（昭和48）年に公布された都市緑地法の第4条により、緑地や公園のあり方や推進に関することをまとめた「緑の基本計画」が定められている。都市化により緑地や農地が減り、大気汚染、水質汚染が問題になったことから緑地の重要性が認識され、緑地の保全や増進を進めるような計画案がつくられていった。

　公園には緑地が多くつくられ、街路樹が整備され、現在に至るのだが、それが大きくなりすぎて前述したように管理費に跳ね返っている状態である。とりあえずたくさんの緑を増やすという数の論理から、最近の緑の基本計画は緑の内容と質、そして緑からつながるコミュニティを追求するようなかたちになってきている。内容と質に関してキーワードになっているのが「生物多様性」である。また、緑とは切っても切れない関係の「水」について詳しく記述されるようになっている。

　自治体や国レベルの公園や緑地のあり方は、深く多様になっている一方、市民レベルでは虫や鳥の音がうるさい、落ち葉は邪魔、という、緑や生物に対する思いもよらないクレームや、緑が少ない公

園は管理の面でも自治体にとって楽になるので、緑がほとんどない公園が年々増えている。実際、一昨年工事が終わった公園も既存樹をほとんど残さないでほしいといわれ、かなり乾燥したスケスケな公園となった。

　市民の意識を変えていかないと公園は絶滅してしまう。生物や植物の効能など環境装置としての重要性、また子どもたちや高齢者の運動機能の発達、維持にも重要な役目を果たしており、そのことがわかるようにしていくことが重要だ。バブルの頃の地方都市の劇場のように箱をつくっただけではその劇場やホールの特性を生かした使い方ができてないようなことが公園でも起こっている。少子化で利用者、使い方や面白さを伝えることがなくなってしまっている。

　クックパッドで気軽に料理ができるように、公園も使い方、遊び方を指南するような発信ができると公園はまた面白い場に変身できるのではないか。スマホ片手にジョギングするように、公園とIT、AIの利用がたくさんできそうだ。

ステイホームが徹底されて訪れる人がほとんどいなかった淡路町ワテラスの桜の広場（2020年3月撮影）

2. 劇場
文化芸術の居場所という
ビルディングタイプの行方

「劇場は広場」ではじまるメッセージプレートが掲げられた世田谷
パブリックシアターが開場したのは四半世紀前の1977年、「劇場、
音楽堂等の活性化に関する法律」の前文に「新しい広場」が登場し
たのは10年前の2012年。広場の持つ開放性、参加性、偶発性が、
いっそう過剰に、時に過激になることでその組織と実践に生まれて
くる創造性こそが、劇場に広場以上の公共性をもたらす。つまり古
代ギリシャで民会、法廷とともに公的世界を担って以来、社会に
「公共性」を鋭敏に提起することを以て劇場は社会に包摂される存
在であったのだ。

しかし現在の日本では、単に設置者が地方「公共」団体だから官立
／官営ホールを「公共」ホールと呼称しているだけなのに、あたかも
所与のものとして「公共性」を持つ誤解が生じてはいないだろうか。
21.5世紀に向けて、世田谷パブリックシアターが掲げるプレートが
問いかける「公共性」について、考えてみる。

劇場の歴史を公共性から振り返る

坂口 大洋

劇場とは

　劇場には、演技のためのステージ、期待に満ちた客席、表現の完成度を高める音響や照明等の舞台設備がある。開演前の緊張を和らげる楽屋、作品を構想し表現を練り上げるリハーサル室、舞台美術を製作する工房。開演前のひとときを過ごすカフェやホワイエ、最近はキッズスペースも増えてきている。表現と劇場運営に不可欠なスタッフのためのオフィス、市民と企画を考えるミーティングスペースもある。街に出てみる。駅前や商店街で歌うストリートミュージシャン、キャンパスの中庭に仮設ステージを組み、ダンスをする学生。専門的な劇場だけではなく、公園や広場、学校の体育館や商店街が劇場空間に変化する場面は日々存在している。

　近年の社会的な変化の中で、劇場における活動、それを実現する仕組み、そして機能、空間、さらにはその建築をつくるプロセス、それぞれが公共性を意識せざるを得ない状況になってきている。劇作家・演出家平田オリザはこの問いに対して、公共性の有無ではなく、公共性が高いか低いかを議論し、空間のあり方、運営の仕組みを考えるべきだ[1]と言及しているように、求められているのは「公共性の質」でありその「実現方法」である。多様な価値観を内包し他者と共感する場を社会が担保するために、劇場が担うべき役割は幅広い。

　一方、舞台上で繰り広げられる表現や場は、歴史的に社会と密接に関わってきた。冒頭の空間や日々そこで行われる行為と活動が劇

場の「公共性」を目に見える「活動」として我々の目の前に現れてく
る。本稿はこの活動が創出する仕組みを読み解く試みである。まず
劇場の公共性を考える視点として制度（法）がある。一般に公共施
設においては様々な制度から計画され、運用されている。だが我が
国においては、劇場は唯一設置法が存在しないビルディングタイプ
である。つまり制度により「型」が提示されていない。そのため空
間構成や仕組み、そして劇場における活動の一つひとつが「型」を
決定し、その公共性のあり方を大きく左右している。

　これらの背景を踏まえて、2つのキーワードを用いて劇場のこれ
からを考えていきたい。ひとつは広場である。視野を少し広げる
と、世界中で繰り広げられている舞台芸術の場は現在においてもそ
の多くが屋外であり、地域の公共空間で行われている。つまり、広
場から室内化、形式化の過程が劇場空間の歴史であるともいえる。
もうひとつの視点は「視軸」である。これは劇場研究者・清水裕之
により提唱された概念[2]であり、演者と観客がどのような位置関係
にあるのか、そこでどのような情報伝達が行われているのか（意図
しているのか））、を捉え、方向性を捉え、その方向性を認識するため
の道具として知られている。室内だけではなく屋外の劇場空間を積
極的に捉えるためという理由もある。形式化と高度化する劇場機能
と日々繰り広げられる舞台芸術の多様化をつなげるための補助線を
見いだすために、劇場における公共性の現れ方と実現する仕組みに
ついて考えていきたい。

0101 古代ギリシャから近代劇場成立まで
（古代ギリシャ劇場　中世バロック劇場　バイロイト祝祭劇場）

　劇場空間の歴史的な変遷と空間形態を演者と観客の関係で捉えて
みよう。演者と観客の関係においては、視覚的な関係が大きな意味
をもつが、舞台芸術の成立には相互の関係が重要であり、双方向性
の“情報”の伝達のプロセスでもある。情報には言葉以外も含まれ

ていて、身体的な動き、音、光、空気など様々な表現要素に加え、観客の拍手、表情などもその対象となる。情報の交換のプロセスにおいて、視覚、聴覚などのそれぞれの側面において、どのような物理的な環境が存在しているかが劇場空間の評価軸でもある。この劇場史の分岐点となった劇場空間を、視軸の概念から考えてみよう。

　劇場の起源のひとつである古代ギリシャ劇場。今から約2千年前の都市国家の成立と深い関係がある。透視図法的な空間を有する円形劇場は、民主国家の成立に必要な様々な議論を行う場として、重要な意味を有していた。演者と客席の関係も、すべての客席から死角がなく、中心に向かって視線が集まる均質的な空間構造を有し、観客と演者の社会的な階層と関係を示している。また、舞台後方のスケーネはバックヤード（楽屋）の兆しのような空間であり、この時代において劇場における演出の概念を空間がサポートしていることは興味深い。16世紀イタリア・ルネサンスの舞台と客席の形式は、馬蹄形の平面プランで、馬蹄形の中心部平土間の部分は、時に演ずる場となり、時には客席として使われる。観客席は社会階層を反映し、観客席相互での多様な視軸が存在し、そのことは単なる客席の形態のみならず、作品創造の多様性を生み出す舞台形式ともいえる。1997年にロンドンのテムズ川の畔に蘇ったグローブ座は、シェークスピアの本拠地としても知られた劇場の再建である。1600年当時グローブ座のその空間的特徴のひとつが、客席上部に屋根がないことである。中世においては、照明の技術が未成立だったこともあり、日中の公演が主だった。自然光を含む不確定要素を前提とした空間形式は、日々作品の質を変化させ、再現性の低い作品創造に強いベクトルをもたせる。情報交換の仕組みとして自然光を含む外的な条件を組み込んだ空間システムであるといえる。

　それまでの多様な視軸を有していた歴史的な劇場空間をリセットし、強固な型（タイプ）として成立させたのが、リヒャルト・ワーグナーによるバイロイト祝祭劇場（1876）である。平面計画において客席から舞台への視覚を最優先に客席配置とサイトラインを構成

し、プロセニアムアーチと側壁によるパースペクティブを重視した空間構成による近代劇場の成立は、単なる劇場のデザインだけではなく、演者と観客の明確な分離にあったといえる。もうひとつ公共性を考える上で重要なのは、劇場を視覚を中心とした空間的概念で理論化し、仕組みを構築した点である。それまで、多様な情報伝達と演者と観客の豊富な関係性を潜在的に有していた劇場空間を、プロセニアムアーチと側壁に囲まれた表現の崇高さを目指す場であると方向付けた。これは劇場空間の計画論だけでなく、作品創造のシステム（理論、技術）と運営システム（運営組織）に大きな影響を与え、より強固なモデルとして展開していく。

0102 日本の劇場史

（厳島神社　金丸座　築地小劇場　神奈川県立音楽堂）

　次に、日本の劇場の歴史について俯瞰してみる。まずは、日本の劇場史における変化を示すと舞台芸術の場のつくられ方（形成プロセス）とそこで行われている表現の変化を軸に整理すると、主に5つの段階に時代を区分することができる。第1は、能楽が進化した室町時代後期。東三条殿や厳島神社能舞台などがよく知られている。まず猿楽を起源として能楽が形式化し、進化することで室町時代後期に能舞台が生まれた。その後、地域の有力者により、各地で能舞台がつくられていく。第2は、江戸時代中期、芝居小屋の確立期。江戸、京都、大阪を中心に町人文化の発達とともに、桟敷席や花道を有する空間は町人の娯楽の場であり、町の賑わいをつくり出す有力な場でもあった。第3は、明治期に入り富国強兵と洋風政策を背景に西洋の舞台芸術が導入され、都市部の中心市街地に公会堂が建設される。また、東京芸術大学奏楽堂（1890）のように、教育機関においても専用の場が計画されはじめる。一方江戸末期に開場した金丸座（1835）や大正期の内子座（1916）など、現在も芝居小屋として継続的に使用されている、劇場史の系譜を知る上でも数少ない重

要な資産だ。第4は、大正末期から昭和初期における舞台芸術に特化したいわゆる専用の場の黎明期である。演劇表現を追求しようとした築地小劇場（1924）や表現のための舞台技術が導入されたり、首都圏においてフランチャイズを主体とした興行を目指した東京宝塚劇場（1934）などがその具体例。演者（活動主体）や表現の意図に応じた劇場空間が構想・計画されはじめた時期であるといえる。第5は、戦後復興の時期である。公会堂から施設理念、計画、設備、運営の4つの側面において、舞台芸術専用の場を目指した専用ホールの出現である。施設理念と本格的な音響設計によりコンサートホールを目指した神奈川県立音楽堂（1954）、事業費約1/3が市民の寄付金により群馬交響楽団のフランチャイズとして建設された群馬音楽センター（1961）などが専用ホールの黎明期に該当する。

0103 社会と近代
（制度　劇場・音楽堂等の活性化に関する法律（劇場法））

　公共施設が社会の制度の内側に取り込まれる契機となったのは、明治時代である。例えば学校計画における学校通論（明治7）のように、この時期に施設型の基礎がかたちづくられていく。また施設計画と設置法も密接な関係がある。公共施設の多くは公営住宅法、図書館法など、空間的には、この設置法は施設機能の最低水準を、一面では運用に関わる部分（図書館法における司書の存在など）である。さらに、施設の運営に関する職能に関しては、資格（例えば医師における医師免許）として、別の法体系（制度）で定義されているが、現時点（2022）において劇場・音楽堂を規定する設置法はない。1960年の新しい国立劇場の国会決議以降、日本においても劇場の設置法は関係者間において継続的に議論されてきたが、結果として成立に至っていない。2012年に成立した「劇場・音楽堂等の活性化に関する法律」は、事業の活性化などを促進することなどが目的であるし、その他、興行場法や消防法などがあるが、いずれも活動や公演

状況を制限する法律であり、かつ施設の安全性を担保することが目的であるために、公共性を創出する仕組みとは異なる。

0104 オルタナティブとしての小劇場

　1970年代の小劇場運動は都市において自らの場所を獲得する姿勢として、以前の時代と大きく異なった。建築計画研究者の布野修司は、この時代の運動を、2つの近代に対する批判という構図で整理している[3]。ひとつは近代演劇への批判である。新劇を主流とする戯曲や演劇創造における俳優の位置付けなど、ある種の社会構造を示している点をその背後に据えて、新たなオルタナティブとして位置付けている。もうひとつは近代を象徴する場への批判である。それらの動きが、地下室や屋外における天幕劇場などを公演場所として選択し表現を展開した。布野の整理に加えて、劇場の空間の変遷として重要なのは、劇場をつくる手法が多様化し、進化した点である。表現者が自ら必要な空間をつくるというプロセスが内包され、空間と表現が一体で構想されたことでもある。黒テント（1970）で、演出家の佐藤信は移動公演を目的とし、演劇にも造詣の深い斉藤義の設計により、2台のトラックを駐車扱いにしテンション材で引っ張ることで開放的な空間を構成した。自らの演劇表現に必要な空間のあり方を求めると同時に、実現するプロセスでもあった。小劇場運動が下火になるとともに、天幕テント劇場を志向する劇団は少なくなったが、大がかりな舞台美術ともに空間をつくること自体が表現となっていた維新派、テント劇場ではないが、船を劇場化する遠藤琢朗率いる横浜ボートシアター、大塚聡によるコンパクトな移動システムを内包した新宿梁山泊の紫テント、安藤忠雄による下町唐座は天幕と木造パネルにより構成された劇場空間であった。ここまで見てきたように、仮設劇場の系譜と展開は、制度のゆるさと劇場に対する社会の視線を背景に、都市全体で劇場の公共性の一翼を担ってきた。

0201 シューボックス型とワインヤード型

（ウィーン楽友教会（ムジークフェラインスザール）　ベルリン・フィルハーモニー　サントリーホール）

　クラシック音楽専用ホールには、現存するコンサートホールの9割以上を占める舞台空間として直方体の空間構成を有し、端に舞台があるシューボックス型と、舞台を取り囲むように客席を配置しているワインヤード型がある。前者の代表がウィーンにあるウィーン楽友教会（ムジークフェラインスザール）。内壁および天井が二重に構成されていることは記憶されていい。後者が、ハンス・シャロウン設計のベルリン・フィルハーモニー（1963）やサントリーホール（1984）。演奏者の動きも重要な意味をもつとして視覚的な効果を重視し、多様な視軸が成立している。シューボックス型に比べ同面積の規模において多くの客席が配置することができ興行的な優位性もあるが、声楽や合唱などの指向性の強い音楽公演では反射音が弱いという課題もある。均質空間から多様な客席空間は現代においてひとつの潮流になりつつある。

0202 アンシンメトリー（秋吉台国際芸術村　荘銀タクト鶴岡）

　客席の変化を具体的に捉える部分のひとつに平面構成がある。劇場の平面構成はほとんどが左右対称形であるが、近年非対象・アンシンメトリーの構成が増えてきている。設計者や建築家の計画意図やオリジナリティーとともに、音響設計におけるシミュレーションの精度が向上し、複雑な形状でも一定の音響性能を確保できるようになったことも大きい。磯崎新の秋吉台国際芸術村（1998）のホールは、現代音楽家のルイジ・ノーノの「プロメテオ」の演奏のための場所として設計されアンシンメトリー、放射状の空間構成を有し、多様なステージヴァリエーションを可能にしている。SANAAによる山形県鶴岡市の荘銀タクト鶴岡（2017）はボックス席が多層化している構成。古谷誠章の阿久根市民交流センター（2021）では、

客席形状がL字に湾曲した空間を有している。多様な視軸を有する劇場空間として新たな魅力を持つアンシンメントリーな空間構成は魅力的だが、舞台上のセンター（中心）をいかに把握するかは、役者の身体感覚および演出上、重要な部分になることが多く、舞台芸術のジャンルによっては課題もある。

0203プロポーション<small>（歌舞伎劇場　四季劇場　せんだい演劇工房10–BOX）</small>

　プロセニアムのプロポーションも、日本においてプロセニアムアーチの開口部のプロポーションは、高さが低く間口が広い場合が一般的である。日本でも劇団四季の公演を想定した四季劇場は舞台上の透視効果を期待しプロセニアムのプロポーションが正方形に近い。また、創造活動のプロセスを考えれば、本来リハーサル室の空間のプロポーション（間口や奥行き）は最終的な公演空間とのつながりも重要である。筆者が計画に関わったせんだい演劇工房10–BOX（2002）は、公演空間と練習空間、舞台美術を製作する作業場も含めてすべてが間口9メートルを有する空間とした。

0204 可変性<small>（東京宝塚劇場　アルティ　スパイラル　アイホール）</small>

　多くの建築や都市の論考にあるように、日本は伝統的に可変性の高い空間社会でもある。加えて舞台芸術は可変性の芸術でもある。江戸期の芝居小屋において回り舞台が存在しているように、日本においても古くから可変性の技術は空間の変遷とともに絶えず進化してきた。昭和初期開設の東京宝塚劇場は、小林一三主導で創設された宝塚歌劇の演出効果を目指した萌芽期の舞台機構である。1980年代になると舞台機構の進化と公共ホールにおける市民活動の促進などの動きとも関係し、多目的性の高い可変型の劇場が増加するようになる。京都府立府民ホールアルティ（1988）は、多様な演目や興行対応において、可変性の高い舞台と同時に客席数も変化でき

る。槇文彦のスパイラル（1985）は、様々な形態に対応するプロポーションに変化し、佐藤信が関わった芸術監督制度による最先端の文化拠点の発信力を有し、都市の小規模スタジオ型ホールのモデルとなった。より多機能性が求められる地方都市においては90年代後半から、移動観覧席（ロールバックチェア）の商品開発が進展し、可動式音響反射板の性能や収納技術の向上とコスト低減が進んだ。1990年代後半まで舞台形状の変化や舞台前面の通常オーケストラピットと呼ばれるスペースの客席可変と300席前後が主だったが、2000年以降客席段床の可変システムの機能向上により、多様な試みが増えていく。古谷誠章の茅野市民館（2005）は客席段床が変化し、平土間化して中庭と一体化する空間構成を有している。新居千秋の由利本荘市文化交流館カダーレ（2011）では、1階客席が収納され屋外とつながる。香山寿夫のKAAT神奈川芸術劇場（2011）は、2階客席の勾配が変化し1階席と連続する空間に変化する。さらに近年では、可動壁の性能も向上している。特に小規模のホールにおいて、遮音性が確保できるようになり、ヨコミゾマコトの釜石市民ホールTETTO（2017）は広場側に面する小ホールを取り囲む可動壁がコンパクトに収納し大ホール、ホワイエ、小ホール、半屋外広場と連続することで、一体的な空間を確保している。この釜石市民ホールのように、屋内と外部空間の連続性が計画のコンセプトとなり、劇場空間と広場の関係が近年新しい展開を見せつつあることは興味深い。つまり、劇場空間の内部における可変性がメインだった点が、時代が進むにつれ再び外部と接続するあるいは一体的に利用する空間として再構築されてきている。

0205 パブリックシアター（世田谷パブリックシアター　国立劇場）

　舞台芸術創造プロセスにおいて、作品創造組織と空間の内部化、外部化の違いから、オープンシステム（日本）とクローズドシステム（ドイツ）という区分モデルがある。1960年の第二国立劇場の建設

に向けた国会決議を契機とした第二国立劇場の計画検討を契機にシステムの違いが理論的に整理され、90年代以降愛知県芸術劇場、滋賀県立芸術劇場びわ湖ホール、新国立劇場などの多面舞台を有するオペラ公演を想定する劇場が計画されたこともあり、理論や技術が具体的に導入される機会が増加した。一方で年間100館以上開館するなど同時期に多数開館した中には地域ニーズや、文化の継承・発展に対して十分な検討やそれらの議論が計画内容に反映されていない事例も少なくなかった。その中で、1998年に計画された世田谷パブリックシアターは、最終的にアジアを視野に入れた広域な地域劇場を目的とし、2つの劇場と様々な稽古場機能を有した新しい公共劇場のタイプであり、劇場の公共性を議論する契機となった。運営も芸術監督制度や作品をつくるシステムを内在する施設として構想された。パブリックシアターは可変プロセニアムや、作品創造の理念に対応した舞台技術のあり方が具現化された。この世田谷パブリックシアターが、劇場の公共性の議論の契機となったのは、世田谷区の基本構想段階において、劇場研究者・清水裕之により課題が明確に整理されたことや、演出家・佐藤信と建築家・斎藤義のコラボレーション、様々な計画者、劇場人の参加があったことも見逃せない[4]。都市計画家の大村虔一の尽力により複雑な再開発計画の調整の過程で、1階に大きな公共広場を実現し、公共ホールと広場の関係を具現化した好例でもある。また世田谷パブリックシアターの事業プログラムにおいても重視されているワークショップは、大村が広場の実践として展開していた活動とも関係が深い。

0206 レジデントと小屋 （スタッドシアター・アルメラ　金沢市民芸術村）

　近年アーティストレジデンスのような劇場にアーティストが長期間滞在する試みもあり、劇場空間にも生活の場として性能が求められている。これら創造空間が主機能となるアートセンターのひとつで、オランダにあるSANAAのスタッドシアター・アルメラ（2005）、

グリッド上に楽屋や練習室ゾーン、様々なパティオが組み込まれ、機能構成と建築的なモジュールを一体に扱った空間デザインである。国内の代表例のひとつ、金沢市民芸術村（1996）は、紡績倉庫をコンヴァージョンし、4つの工房を有した空間もさることながら、最大の特徴が24時間365日利用可能な運営システムである。作品創造においても単なる空間を用意するのではなく、創造活動を支援するためには、ソフトとルールが重要であることを示した事例といえる。

0301 小さくつくり大きく変える。
（吉祥寺シアター　座・高円寺　韓国ソウル市・大学路）

　2000年以降東京を中心に多様な小劇場の事例が増加してきている[5]。吉祥寺に開館した佐藤尚巳の武蔵野市立吉祥寺シアター（2005）は平土間で300席の客席は仮設性の高い客席であり、舞台床も合板仕様で、手動で舞台のつくり込みができる空間の仕様になっている。もうひとつが、伊東豊雄による座・高円寺（2009）である。高円寺の街の文化のひとつである阿波踊りの振興も含めた3つのホールを有している。演出家・佐藤信が芸術監督に着任し、事業プログラム全体に継続的に作品創造を行うことに加えて、劇場創造アカデミー事業として2年間のスクリーング、いわゆる学校の機能となっている。教育内容も演技・演出方法のみならず様々な講師陣による講義・実習は人材育成の場が具体化している。このような小規模ながら高度な情報発信力とともに、人材育成の場としても機能する拠点をつくることで、地域や都市全体の創造活動を大きく変えていく動きは、街づくりとも連動させながら、地域全体で劇場の公共性を担保し持続させる可能性を示している。劇場の集積で筆者が注目する場所のひとつが、韓国ソウル市の大学路（テハンノ）である。かつてソウル大学のあった大学路は、70年代後半から稽古場兼小劇場が開設し、80年代後半になるといくつかの劇団の成功モデルが生

まれたこともあり、急激に増加し、現在では100近い小劇場が集積している。劇場だけでなく劇団の事務所やギャラリーなども多く、さらに芸術系の大学のサテライトキャンパスが立地している。小さい資本の小劇場集積が、都市のブランディングと価値創造につながっている点は非常に興味深い。

0302 仮設劇場と伝統芸能（沼名前神社　神楽舞台）

　広場を劇場空間に転換する技術のひとつに仮設性がある。広島県福山市の鞆の浦に、現存する日本最古の組み立て式能舞台がある。この能舞台は、3間×3間の大きさを有している。能舞台は珍しいが、組み立て式の神楽舞台は、現在も各地に存在している、そしてこれらの舞台が農村歌舞伎や神楽などの、伝統芸能や地域の文化継承、さらにはコミュニティの形成にも大きな役割を果たしてきた。江戸時代に江戸・大坂・京都の三都以外には、芝居小屋は数少なく、地域では馬芝居などもあり、神社の境内に舞台が設置されているケースも多いが、地域においては集落などで所有している場合もある。

0303 災害における劇場（きりり三次　特定天井）

　1995年阪神・淡路大震災、2004年新潟県中越地震　2011年東日本大震災、2016年熊本地震など近年の地震・津波や豪雨・水害などの大災害は、劇場の計画論、運営論にも大きな変化をもたらしている。特に二次部材の損傷による吊り天井の落下は多数発生したことで、その後構造部材の耐震性確保のため特定天井が制度化された。他方、公共劇場は多くの諸室を有することで、災害時に地域の有効な避難施設として機能したことも事実である。青木淳の広島県三次市三次市民ホールきりり（2015）は、実際の設計段階においてこの地域の豪雨水害を考慮して1階の階高を5メートルと設定した。

これは公共ホールを広場として位置付ける青木の理念が具現化している。2018年の豪雨水害時には、1階が浸水し奇しくも青木が想定した状況になったが、ピロティにより舞台は浸水せず継続した運営が可能となった。BCP（事業継続計画）の観点からも公共劇場がある種災害復興の有効な広場として、重要な項目になりつつある。

0304 リノベーションと施設長寿命化

（東京文化会館　京都会館　都城市民会館）

　縮退化社会への対応と1960〜70年代に建設された劇場の老朽化は、新たな課題を生み出している。そのひとつが公共ホールの改修である。東京文化会館（1961、1998改修）や弘前市民会館（1964）などは、当初の設計思想や意匠性を継承しつつ、機能的な更新も図っている。しかし、持続できずに解体されるケースも少なくない。菊竹清訓の都城市民会館（1966）は、老朽化や機能的な課題などから市民的な議論もあったが、2019年解体された。空間そのものの価値だけではなく、日常的に地域社会において劇場の価値が広く共有されていることが重要であり、劇場の公共性を支える基盤のひとつであるといえる。また、国内の公共ホールの約3分の1を占める1980年代後半から1990年代後半に建設された施設が、2030年以降改修の目安となる開館後50年を次々に迎える。自治体に効率性を重視することで安易な再編統合と興行側の視点を過度に重視した政策決定が懸念される。

0305 スポンジとフリンジ

（わいわい!!コンテナプロジェクト　ゲッコーパレード　THEATER E9 KYOTO）

　スポンジ（空き地・空き家）が広がる郊外（フリンジ）とともに、車中心の移動社会と中心市街地の衰退、加えてリモートワークの進展により日常的に公共空間の利用が減り、それは他者と場を共有する

機会の減少も意味する。佐賀市の中心部の空き地を活用したわいわい‼コンテナプロジェクトは、そのような他者と共存するコミュニティーの広場づくりであるともいえる。五十嵐淳による大阪現代演劇祭仮設劇場（2004）など既存空間を転用するアプローチもある。劇団ゲッコーパレードは、地域の重要文化財や近代化遺産を公演場所として、その空間特性を生かした公演を展開している。ファンドレージングから、自ら劇場を創出する試みもある。THEATRE E9 KYOTO

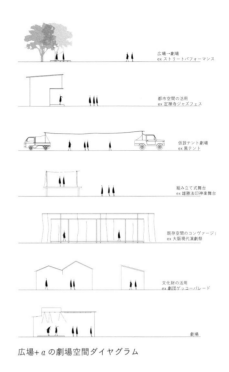

広場→劇場
ex ストリートパフォーマンス

都市空間の活用
ex 定禅寺ジャズフェス

仮設テント劇場
ex 黒テント

組み立て式舞台
ex 雄勝法印神楽舞台

既存空間のコンヴァージョン
ex 大阪現代演劇祭

文化財の活用
ex 劇団ゲッコーパレード

劇場

広場+αの劇場空間ダイヤグラム

はアーティスト・あごうさとしを中心としたチームが改修を含む事業資金をクラウドファンディングで集め、京都駅南の倉庫をコンヴァージョンし、100年続く劇場として2019年に開館した。開館後も意欲的なプログラムを展開している。場そのものに活動により価値を与え地域に新たな公共性を生み出しつつある。

0401 次世代に向けて

　21世紀に入り、文化芸術振興基本法（2001）、劇場・音楽堂等の活性化に関する法律（2012）、文化芸術振興基本法改正（2017）、文化政策を立案、実施するための制度的な枠組みが進展した。だが、現段階ではまだ必要性が示された段階にすぎず、劇場が公共性を創出す

Art Support Tohoku-Tokyo 雄勝法印神楽公演　組み立て式神楽舞台
（設計・制作　仙台高等専門学校坂口研究室）

るためには、地域状況にフレキシブルに対応する実践論が必要だ。
そのひとつが人材育成である。求められる人材は舞台表現に関わる
だけではなく、社会とのつながりの中で、多様な試みを仕掛け展開
できる人材である。豊岡市では、2021年4月には文化と観光をコン
セプトに専門職大学を開学し、専門的人材の養成が始まっている。
もうひとつは、劇場施設のDX（デジタル化）である。2019年末から
のコロナ禍で、施設計画や劇場運営分野においても、デジタル化の
動きが加速した。オンラインチケットの配信、舞台技術の統合のみ
ならず、デジタルアーカイブ、オンラインによる地域内アウトリー
チなどは劇場建築のあり方や地域計画を大きく変えることが予想さ
れる。そして、それは劇場空間がもっていた視軸の概念自体を大き
く読み替えることにつながるかもしれない。
　最後は、文化的場所の持続性である。2011年3月に発生した東日
本大震災以降、災害対応はもちろん、いわゆる文化的コモンズ（地
域の多様な価値観を共有するための入会地）[6]として地域社会に劇場空間
を組み込む社会的な必要性が高まったといえる。ここでは、最後に
この文化的コモンズへのイメージを共有するために被災後に関わっ

たひとつの試みを紹介したい。文化復興における中間支援でもある被災後展開されたArt Support Tohoku-Tokyo[7]である。これは東京都による被災地の文化支援で、被災地に複数の拠点を設け、伴走支援型の様々な支援が行われた。筆者らの研究室もそのプロジェクトのひとつ、国指定重要無形文化財雄勝法印神楽（石巻市雄勝町）の再生計画に関わった。数人で組み立て可能で4トン車で浜ごとに移動し、集落ごとで神楽の公演をサポートする組み立て式神楽舞台。2011年10月に鎌倉で、11月に仙台で、さらにはその後東京など海外も含む各地でこの神楽舞台で神楽を舞うことで外部と雄勝をつなぐ役割を担った。

05 おわりに

　歴史的な劇場の経緯と事例を眺めながら、公共性を軸に、劇場空間のビルディングタイプを捉えてきた。屋内外にかかわらず「広場」に何かのデバイス（＋α）が加わることで舞台芸術の場に転換する系譜であるともいえる。同時に機能だけを追求する空間創出の手法から、劇場の概念を幅広く問い直し、地域社会の様々な資源をポテンシャルと捉えることが必要である。広場＋αとして仮設的に劇場空間を構築し、空間的、制度的、実践的、そして持続的にサポートする仕組みが劇場のビルディングタイプでもある。多様な価値を共有し創出する劇場に向けて、冷静な議論と小さな実践の積み重ねが今求められている。

1 平田オリザ著、『芸術立国論』集英社、2001
2 清水裕之著、『劇場の構図』鹿島出版会、1985
3 布野修司著、『布野修司建築論集 II 都市と劇場—都市計画という幻想』彰国社、1998
4 清水裕之著、『21世紀の地域劇場パブリックシアターの理念、空間、組織、運営への提案』鹿島出版会、1999
5 日本建築学会編、『劇場空間への誘い—ドラマチック・シアターの楽しみ—』鹿島出版会、2010
6 財団法人地域創造、『災後における地域の公立文化施設の役割に関する調査研究報告書』2014
7 Art Support Tohoku-Tokyo、『雄勝法印神楽舞の再生計画』2011

小劇場と〈公共〉
——〈脱植民地状態〉を再び意識するために

内野 儀

序

　のっけから大げさな話で恐縮だが、コロナ禍がもたらすもっとも世界的な影響は、西洋近代の実質的な終焉であると私は思っている。この場合の西洋近代とは、産業革命以降だけでなく、ルネッサンス以降、すなわち西洋古典の〈再興〉によって突如、世界史的な中心を占めはじめた、主として西欧諸地域とその支配的居住者たちによって発明され培われ散種されてきた知と制度、そして当然それらが内面化を要求する人間の感情の諸属性である。それは資本主義というシステムを中心化しつつ、産業革命を経て、世界中に植民地を獲得しただけでなく、そうした領土的植民地主義と同時に、精神的植民地主義とでも呼べるものを、多様な回路で非西欧地域に浸透させていった。この全体を、よく知られたイマニュエル・ウォーラーステインに倣って、世界システムと呼んでもよいが、最近話題になることが多い「脱植民（地）状態（decloniality）」をめぐる近年発行された2冊の書物の書評を書いたアルジュン・アパデュライが言うように、その視線そのものが西洋近代であることになってしまう[1]。

　こうした絶対的な相対化の状況について、例えば、フレドリック・ジェイムソンは「善き無名性」というアイデンティティのカテゴリーを使って説明しようと試みる[2]。確かに、事実上の圧倒的多数を占める無名性の人々、すなわち匿名的個人に倫理的特権性を与えることで、ジェイムソンはポストモダン以降の絶対的に相対化し

た世界を肯定しようとしたと考えることができる。しかしそれとて、「善き無名性」と名指される側、すなわち、日本語圏に生きる私たちにしてみれば、名指されただけで終わりにしてしまうだけでなく、この「脱植民（地）状態」の中で、あってしまう演劇を、舞台芸術を、劇場をどう考えるかが、今再び問われている。いわゆるコロナ禍だからこそ問われている。問われているはずだ。

　というのも、周知のように、2020年、緊急事態宣言なるものが発出された時期を前後して、演劇関係者はイデオロギーや価値観をこえて、あるいは、演劇関係者というアイデンティティを構成するインフラ的な基盤——例えば、上演形態／興業のカテゴリーでいえば、商業的なのか、公共的なのか——を越え、連帯して様々な活動——その中心には国家に対して、経済的な補償を求めるという共通の要求があった——を行っていった。詳細は後で論じるが、この舞台芸術関係者による「連帯」が可視性を獲得するにつれ、私は西洋近代が終わったと思ったのである。それとともに、「公共」なる美しい響きをもつ言葉とそれが示す諸概念が現実的に何か意味をもつ——あるいは、現状を良い方向に変えるとか革新するとか——可能性がなくなったといってもよい。この多分に理念的には意味不明な「連帯」が、日本の舞台芸術の同時代的に達した境位であり、そこから何か、私（たち）が、すなわち、歴史的には「脱植民（地）状態」にあるはずの私（たち）が、引き出し得る可能性がなくなったということでもある。それはまた、西洋近代的なモメントとしてあったアングラ演劇が、「脱植民地状態」を無意識に再演することで小劇場演劇という特異なジャンルを形成していった歴史の終焉でもある。アングラ・小劇場は、終わったのである。「脱植民地状態」の中で西洋近代的な意味での〈公共〉を担う可能性があったジャンルが、形骸化したといってもよい[3]。

1 コロナ禍で〈連帯〉する演劇

　相当先走ったので、私の前提をここで書いておきたい。例えば、「公共」や「公共性」というと、岩波書店の「思考のフロンティア」シリーズで2000年に出版された齋藤純一による『公共性』という書物がある。本書は「公共」や「公共性」を考えるための入門編ともいえる好著で、そこで参照されるのはおなじみのハンナ・アーレントやユルゲン・ハーバーマスである。そして私（たち）は、「思考」は普遍的であると強弁できるものの、日本語圏の舞台芸術に関わる人々にとって、この本は何の役にも立たない。あるいは何の役にも立たないという前提に立つべきだと私は言っているのである。つまり、うすうす誰もが気づいていることをあえて私は口に出しているだけなのだが、〈コロナ禍〉にあって、ますますこの自覚が重要になってきていると思うのだ。言い換えれば、日本語圏における舞台芸術は、新自由主義と極めて親和性の高い、たとえ、上記で齋藤が言うような意味においての〈公共（性）〉を偽装することがあっても、その実、極めて／そもそも二重の意味で、私的な実践であるという自覚である[4]。

　というのも、すでに触れたように、コロナ禍にあって、いわゆる文化芸術、中でも上演系芸術が逆説的なかたちで脚光を浴びてきたからである。2020年2月のいわゆる自粛要請に従って「緊急事態舞台芸術ネットワーク」が形成され、現在では社団法人化を果たし、多数の劇場、劇団、興行者団体が参加している。ウェブサイトも充実しており[5]、ここから、どのような公的助成金があり、誰がどう申請できるか等々の情報が常にアップデートされるかたちで掲載されている。もちろん、寄付を募ってもいる。また、文化庁の「新型コロナウイルスの影響を受ける文化芸術関係者に対する支援情報窓口」[6]のウェブサイトからは、様々な経済支援策が考えられていることが見てとれる。ほかに、地方自治体の支援もあり、例えば東京都では、「アートにエールを！ 東京プロジェクト」[7]があった。あるい

は、「fringe」という長らく小劇場を中心とした創作活動のインフラ充実のために様々な情報を提供してきたウェブサイトでは、今現在、このような支援があるというスキームが日程とともに一覧表にされている[8]。

　こうした「舞台芸術は公的助成を得て当然である」という前提を不可侵な枠組みとしつつ、例えば、長年、地域における公共劇場の運営を主導し、国の文化政策にも大きな影響を与えてきたとされている可児市文化創造センターala 館長兼劇場総監督の衛紀生は、コロナ禍における公的助成についてのブログの題名を「エッセンシャルワーカーとしての文化芸術『社会的処方箋活動』の実践——戦略的アーツマーケティング（CSV）で文化芸術の社会包摂機能を解き放つ」としている[9]。この題名は、文化庁の「文化芸術収益力強化事業（公募3）」に応募したプロジェクトのタイトルだそうだが、同事業を通じて文化庁が、オンライン化を積極的に進めようとしていることに大きな懸念が表明されている。おなじみの舞台芸術あるいは演劇は、ライヴでこそ、という通俗的クリシェかつ保守的立ち位置からの意見表明である。つまり、コロナ禍であってもライヴであることの可能性の内部で、収益化強化可能だと考えるべき所管官庁の文化庁に、当事者意識が欠けていると衛は批判するのである。

　この経験に基づいた一見反論の余地のない意見表明についても、前提には、衛の言葉では「実演芸術」となる実践はライヴで強みを発揮するという共通了解があるはずだという思い込みが、他方、元来「実演芸術」は公的支援を受けるのが当然だという信念のようなものがある。前者については、英語圏におけるライヴ性をめぐる近年の論争[10]など、誰も気にしていないのでよいとして、やはり後者は気になるところである。いつからこんなことになったのか？

　もうひとつ。日本語圏における舞台芸術が公共的でないという歴史的事実の逆説的証左として、この間、急激に進んだ舞台芸術のアーカイヴ化の諸事業がある。以下は、NHKの記事であるが、このアーカイヴ化事業を言祝ぐ不可思議な内容になっている[11]。

この春、演劇・舞踊・伝統芸能の1200を超える作品の公演映像を収集したデジタルアーカイブが新たに構築され、インターネット上で公開された。新型コロナウイルスによって深刻な影響を受ける舞台芸術団体の経済的支援が目的で、一部の作品では有料配信も始めることで、新たな収益を生み出す仕組みだ。

　「演者と観客が同じ空間を共有する舞台芸術は、その場で体験するライブ性にこそ価値がある」

　そんな考えから、日本では長らく公演映像のアーカイブ化は進んでこなかった。また、ネット配信を困難にさせる「権利の壁」も存在してきたという。

（科学文化部　河合哲朗）

　またしても「ライヴ性」である。「ライヴ性」が価値だったから、アーカイヴ化が進まなかったという意見が誰のものかは不明だが、今回の事業の関係者がそう考えていると記者は見なしたのだろう。そんな話は初耳だが、今回、経済的に困窮している舞台芸術関係者への支援を何としてでも、ということで、アーカイヴ化が考えられたというのは、単なる皮肉な事態ではすまない、喜劇的、あるいは、犯罪的事象ではないのか。記事の解説ではこうなっている。

　　こうした中〔引用者補足：ライヴの舞台芸術が陥った経済的苦境〕で始まったのが、今回のデジタルアーカイブ構築だ。

　　「緊急事態舞台芸術ネットワーク」と寺田倉庫が、文化庁の委託を受けて去年の秋から取り組んできた。

　　予算7億5000万円の大規模事業で、コロナ禍で減収に陥る舞台芸術団体の収益力強化を目的にしている。（同上）

　経済的支援として、収益化事業として、映像のアーカイヴ化を行うのである。上記で衛が批判していたのは、例えば、こういう事業

なのだろうが、それにしても、である。嘘も方便というのか、本来は公共の目的のために、過去の舞台芸術の映像をアーカイヴ化するというのが本筋であるべきところが、これまで誰一人として、そんなアーカイヴ化に興味を示さなかったのに[12]、経済的危機に陥ったから、致し方なく、である。いつからこんなことになったのか？

あるいはまた、文化庁サイドから出された研究論文に、朝倉由希による「コロナ禍と国の文化芸術支援──文化芸術活動の継続支援事業を中心に──」[13]という論文がある。筆者は文化庁地域文化創生文化本部の研究官であるが、もちろん「コロナ関係の支援事業の直接担当者ではない」し、「所属組織の公式見解ではなく、一研究者としての立場として執筆したものである」との断り書きはある。

本稿ではこの間、文化庁関連で行われた様々な文化芸術支援策とそれについての現場の反応等について包括的な紹介と分析がなされている。ここでいう文化芸術はあらゆるジャンルを含んでおり、舞台芸術に特化した論考ではない。そのため、文化芸術は支援されて当然であるという前提が強くあり、よく知られたあいちトリエンナーレの事例への言及だと思われるが、「文化芸術への公的支援について、国民の間では近年賛否両論が巻き起こっている」として、こう論文を締めくくっている。

> 文化芸術の公的支援の根拠に関する考え方は、本学会〔文化政策学会〕で長年議論され蓄積されてきた。筆者自身も、研究者として公的支援と評価の問題に取り組んできた。また同時に地域での芸術事業の実践や、地方公共団体の文化行政の委員等にも携わる中で、文化芸術関係者や研究者側の訴える、文化芸術への公的支援は必要だとする原理原則と、世論との乖離を感じることが多くなっている。そして今コロナ禍という事態を受け、その分断が強まる危惧を覚えている。（15頁、〔〕内は引用者補足）

と書く。「文化芸術への公的支援は必要だ」が「原理原則」にいつの間にかなっていたようで、それを前提に、「乖離を感じる」や「分断が強まる」と口にすることは、「乖離」はなかった時期があり、「分断」はあったとしても大きくはなかったということを、逆説的ではあるものの、この一節から読み取ってしまう。美術分野の話だけをしているのだろうか？　いつからこんなことになったのか？

2 いつからこんなことになったのか

　文化芸術の公的支援がいつから始まった、あるいは強化されたか、その日時は明確だ。2001年に文化芸術振興基本法が施行された日からある。この法律の施行が、公的助成を受ける法的根拠となったのである。さらに言えば、2017年、つまり、上記の法の施行後15年ほどたって、この法律から「振興」が消え、文化芸術基本法となってもいる。15年で「振興」が終わったらしいのである。ただし、舞台芸術の分野に限っていうと、1990年に芸術文化振興基金が設けられ、公的助成はすでに始まっている――正確には、大幅に強化されている。そして、1997年の新国立劇場の誕生が、文化芸術振興基本法成立に向けた大きなエンジンになったことは想像に難くない。1990年代には、水戸芸術館ACM劇場・東京芸術劇場・湘南台文化センター市民シアター（1990）を嚆矢として、世田谷パブリックシアター（1997）、静岡芸術劇場（1999）等々の舞台芸術専門の公立の劇場もつくられていった。そしてその多くの開設に、鈴木忠志や佐藤信といった、いわゆるアングラ・小劇場演劇を先導してきた演劇人が関わっていたことがその特徴である。

　こうした歴史的な意味があると当時考えられた公共劇場の誕生と法整備があり、その10年後の2010年に出版された『公共劇場の10年――舞台芸術・演劇の公共性の現在と未来』（美学出版、2010）の中で、編者のひとりである伊藤裕夫は「『公共』劇場とは」というほぼ巻頭に置かれた論文の中で、以下のように書いていた。

「自分たちの劇場」は、一見関係者のみの「私的」な空間と見られがちだが、少なくともそこで「特異性」を表現する形で芸術創造が行われていて、たとえ少数の観客であっても社会に公開されている（もっともそれはかなり挑発的であったが）ならば、それは私設であっても断じて「私的（private）」なものではない。テントや地下室など、日常空間のいわば空隙に忽然と現れる劇場空間は、それだけでも特異な非日常性を有するうえに、そこで繰り広げられる特異な表現（それらは戦後日本社会のなかで無視され排除されたものであった）は、共同体（とそれがもたらす日常性）と一人一人が「特異な存在」である個人との関係を問い直すことによって、その時代の「市民社会」のあり方を提起していた点で「公共性」を有していた。（強調は引用者）[14]

　最後の文章が過去形であることからもわかるように、ここで伊藤は、いわゆる黎明期のアングラ演劇について書いている。「私設であっても断じて『私的（private）』ではない」という断言が重要である。ここに続く文章で伊藤は、1990年代になって、次々に公設の劇場がつくられてきたが、それらの多くは、「みんなの劇場＝市民に開かれた劇場」という建前に全面的に依拠しているものの、果たして、アングラ演劇がもちえていた「公共性」があったのかと問う。その点について伊藤は、この時点ですでに極めて懐疑的だった[15]。
　この文章が書かれてから10年以上が経過した。伊藤がかつて指摘していた「自分たちの劇場」と「みんなの劇場＝市民に開かれた劇場」の公共劇場における覇権争いではなく、公共劇場自体がほとんど形骸化している現状、つまりは、新自由主義的プライヴァティゼーション＝私物化が起きている公共劇場の現状を鑑みるに、結局のところ、コロナ禍における――あるいはその前から明らかだった――日本語圏現代演劇の問題は、「私設でかつ私的」か「公設なのに私的」のどちらかしかないことだと私は思っている。ことは内容の、あるいは、表現の「私性」にとどまらない。興業形態その

ものが、公共劇場へのあられもない商業資本の滲入により、私物化／商業化（privatize）されていったからである。だからこその、コロナ禍の「連帯」である。公共的なものと私的なものが連帯して公的補償を求めるなどということは、原理的にあり得ない。あってはならないのではないか。日本には日本の歴史＝事情があるから、といってすませてよいのだろうか。「脱植民地状態（decoloniality）」における公共が、新自由主義的なし崩しの私物化／商業化（privatize）であってよいはずはない。かといって、西洋近代的に、古代ギリシャにおける公共性は！　とか、ヨーロッパ近代以降（同時代も含む）の公共劇場は！　とかを、呼び出せるはずもない[16]。次世代のアーティストには、あるいは、次世代が担う公共劇場には、脱植民地状態（decoloniality）における公共を発明する責務がある。「私設であっても断じて『私的（private）』ではない」ことは、今、どう可能か。それを構想することができないのであれば、公共などという言葉を、単なる呼称以外では、もう二度と使うべきではない。

1 cf. Arjun Appadurai "Beyond Domination: The future and past of decolonization." MARCH 9, 2021, *Nation*, https://www.thenation.com/article/world/achille-mbembe-walter-mignolo-catherine-walsh-decolonization。ここでは、いわゆるポストコロニアル（後植民地主義）ではなく、脱（de）植民値状態（coloniality）が主題化されている。簡単に言ってしまえば、西洋近代との関係性だけでさまざまな事象を理解したり、未来を構想したりするのではない道筋は可能かという、現在、非西洋地域が等しくかかえている思想的・社会的課題である。

2 Fredric Jameson, "The Aesthetics of Singularity," *New Left Review* 92, 2015, pp. 101-32

3 現代日本の演劇史については、正典的な研究史的定説は存在せず、ジャーナリストや評論家のその時々の劇評や時評、あるいは歴史記述によって、演劇史観とでも呼べるものが、暗黙裏に成立してきたと私は見なしている。アングラ演劇と長く並走し、また朝日新聞の記者でもあった故・扇田昭彦（1940-2015）や、アングラ演義の内部または周囲にいた故・佐伯隆幸（1941-2017）や菅孝行（1939-）、世代は下がるが西堂行人（1954-）――そこに私自身を含めてもよい――らは、明らかに「アングラ・小劇場史観」と呼べるある特定の歴史の物語を紡いできた。それは同時代的には相対化されることがあまりなかったと考えられるが、近年、アングラ・小劇場自体の理念的アイデンティティが拡散するにつれ、相対化のモメントが加速化している。それはたとえば、平田オリザの初期の著作、あるいは、より最近では日比野啓の『三島の子どもたち』（白水社、2020）等で明らかであろう。

4 ここで二重の意味でといっているのは、ひとつは、〈私性〉の通常の意味、すなわち、日本語圏現代演劇であれば、ドメスティック即ち内輪の価値意識のみで成立しているという意味がある。もうひとつは、後に再び触れる新自由主義批判でよく言われる公共的な分野の不必要かつ過剰な民営化である。それを英語では、プライヴェートの動詞（プライベート化する（privatize））からプライヴァティゼーションと呼ぶ。たとえば、徴兵制を基本的に廃止したアメリカ合衆国では、志願兵よりも、軍需産業経由で傭兵を雇用し、戦場に派遣することが常態化して久しい。こうした営為は、軍需産業にとっては純粋な利益なり（だから、戦争や紛争が続いた方が産業的には有利になる）、また、政府にとっては、一般市民である志願兵に犠牲を強いる必要がない（ヴェトナム戦争の経験から、一般

市民の生活に直接関係のない戦争で、志願兵とはいえ一般市民が犠牲になった結果、反戦意識が強まるといったようなことが起きにくい）というメリットがある。日本の公共劇場については、本来「自主的」に行われるべき運営や自主公演の制作が、そうした民間の興行会社に委託されることが多くなっているように見受けられることを――正確な数字をもっているわけではないことは断っておく――、私はここで指摘している。

5 https://www.jpasn.net/index.html

6 https://www.bunka.go.jp/koho_hodo_oshirase/sonota_oshirase/2020020601.html#info02

7 https://cheerforart.jp/

8 http://fringe.jp/

9 https://www.kpac.or.jp/

10 ここでいう英語圏でのライヴ性をめぐる論争とは、フィリップ・オースランダー（Philip Auslander）が1999年に出版した『ライヴ性――メディア化された文化におけるパフォーマンス *Liveness: Performance in a Mediatized Culture*』（NY: Routledge）における議論に端を発する論争である。オースランダーが演劇のライヴ性あるいはいわゆる直接性が自明であるという前提に、根源的な疑義を呈したと考えた多くの論者が反論することになったのである。オースランダーは必ずしもそのような単純な議論を展開していたわけでないので、むしろ、この論争の結果、演劇研究者のライヴ性信仰が浮き彫りになる格好になった。

11 https://www3.nhk.or.jp/news/special/sci_cul/2021/04/special/special_210427/

12「だれひとり」というのは言い過ぎかもしれないが、過去の舞台芸術を映像で確かめようとする場合、公開されていないNHKのアーカイヴにアクセスすることくらいしか、これまではなかった。個々の劇団が、あるいはアーティストが、映像を所有している場合もあるのは事実であるにしても、である。舞踏という特権的なジャンルに関してのみ、コロナ禍の前から、慶應義塾大学アートセンターで映像資料のアーカイヴ化が積極的に進められてきていて（cf. http://www.art-c.keio.ac.jp/）、先駆的事例として高く評価されるべきである。ただし、あくまでも舞踏という特定のジャンルにかかわるアーカイヴであるという制限があり、シンプルに公共財という観点からは、必ずしも満足できるものではない。ここで触れた事業の一環として、早稲田大学演劇博物館が、そのデジタルアーカイヴに「約1300本のデジタル映像とフライヤーや舞台写真などの関連資料と」保存することになった。（https://enpaku-jdta.jp/）

13「文化経済学」第18巻1号、12〜16頁。

14 伊藤裕夫・松井憲太郎・小林真理編著『公共劇場の10年――舞台芸術・演劇の公共性の現在と未来』、美学出版、2010年、19頁。なお本書は、出版当時きっけいの課題であったいわゆる劇場法の制定と切っても切れない内容を持っているが、その劇場法は、2012年に、「劇場、音楽堂等の活性化に関する法律」として施行された。文化芸術活動だけでなく、劇場についての法的整備が、ひとまず整ったのである。

15 ここ伊藤が「みんなの劇場＝市民に開かれた劇場」とは、以下のような公共劇場の典型的なありようである。一方で、芸能人を要する商業的なプロダクションを自主制作ないしはいわゆる買い取りで公演する、つまり、「観客動員のはかることが可能な演目を選び」、他方で、「市民参加の企画を考案し、そして空いている期間は多くに市民に［中略］貸し出すという運営」である（19頁）。

16「公共」や「公共性」を論じる際に、引用した思考のフロンティアの著作が典型的であるように、西洋哲学・思想を参照するのが定番である。西洋近代の変形として、日本の社会システムを理解し、更新しようとするとき、そうした思考が有効であることを、わたしは否定するものではない。しかし、日本語圏での、広い意味での演劇あるいは舞台芸術について、こうした理論的参照枠での「公共」や「公共性」に依拠した論は間違いなく破綻する。単に歴史が違うということだが、それ以上に、近代ヨーロッパを構成する諸交渉の長い歴史の上で、さらにそこに、ギリシャ・ローマ時代への憧憬や参照によって複雑にたちあがってきたヨーロッパの公共劇場システムを、そもそも参照などすべきではないはずなのだ。しても意味がないからである（もちろん、日本はいつまでたってもダメだと言い続けられるというポジショントークの利点はある）。「隣の芝生」どころではなく、ただ単に関係ないのである。そうした断念こそが、今求められている。それはしかし、現状追認を意味しないしすべきではないから、「発明」という言葉を私はここで使っている。

劇場の公共について
—これから起こることの先憂として

伊藤 裕夫

はじめに

　もう四半世紀程前の1990年代半ばごろだったと記憶するが、ある舞踏家の呼びかけで、編集者や建築家、デザイナーなどと「まだ名付けられていない芸術」をテーマにした研究会に参加したことがある。当時、筆者はメセナやアートマネジメントに関わるようになっていたことから、そういった芸術表現のための文化施設やその運営についていろいろ妄想しまくったことを覚えている。その内容についてはまったく記憶に残っていないが、なぜそうした研究会に参加したのかという動機は覚えている。それは、その頃筆者は1990年の水戸芸術館の設立に刺激を受け、日本にも欧米型の創造団体が専属する制度化された劇場の必要性を痛感していて、静岡県で進められていた舞台芸術センターの構想づくりにも関わっていたことが背景にあった。すなわち、一方で欧米型の制度化した劇場の実現を構想する中で、それを越えたというか、あるいはそれ未満というか、既成の「芸術」という枠に収まりきらない、まさに「まだ名付けられていない」表現[1]の場についての関心もまた生じていたというわけである。

　その後、いくつかの文化施設設置に向けた構想委員会や運営の検討、また指定管理者制度が始まってからはその選定や評価に関わってきたが、その間もこの名付けられていない未知の芸術というか表現の場、すなわち既存の芸術ジャンルに限定されない表現の実験の場となり得るような文化施設への関心は消えることはなかった。

さて、本書の企画意図はポストコロナの文化の場とその公共性を問うことと聞いている。そして筆者に求められたテーマが「劇場の公共──これから起こることの先憂として」であるが、ここではたと困ったのが「先憂」という点である。言うまでもなく「先憂」とは中国の故事からきた言葉で、国家（社会）の行く末を人より先に心配するということであろうが、そんな大それたことは筆者などにできることではない。できることといえば、せいぜい冒頭に挙げたような既存の劇場の枠組みからはみ出た「表現の場」について妄想するぐらいということで、昔の思い出話に触れたわけである。

　他方「劇場の公共」については、以前筆者も編集に関わった『公共劇場の10年──舞台芸術・演劇の公共性の現在と未来』（美学出版、2010）に書いているのでここでは繰り返さないが、要点だけ述べれば、公共性の原点とは公開性、すなわちすべての人に開かれている点にあるが、これは制度的なアクセスの保証にとどまらず、「たった一人でも排除しない」という積極的な「表現」──そこで公開（公演）されている舞台芸術の「公共」への問いかけにこそ求められなくてはならない。その意味では、60〜70年代のアングラ演劇がテントや地下室などで、かたちこそ異様ではあるが「市民社会」に突きつけていた問題提起が、その後の日本における「劇場の公共」の出発点になったのではないかと論じた（その後そのアングラ世代が、90年代以降の「公共劇場」を担うようになったことは決して偶然ではない）。

　本稿のテーマは「劇場の公共」であるが、あえて「劇場」という枠にこだわらず、「たった一人でも排除しない」という公共性の原点を見据え、「まだ名付けられていない」表現に積極的に取り組むことに挑んでいる韓国と日本の事例を見ることで、これから先の文化のありようを考えるヒントを探っていきたい。

韓国釜山金井区での試み

　「まだ名付けられていない」表現の場と言えるかどうかは明言し

がたいが、数年前韓国の釜山を訪れた際に見学した2つのユニークな施設というかプロジェクトを取りあげたい[2]。

　釜山訪問の目的は、当時仲間たちと地域密着型のアートプロジェクトについて調べており、韓国でもそうしたプロジェクトが行われていることを聞いて、それ以前から交流のあった釜山文化財団[3]の知人を介して紹介してもらうことにした。そのとき期待していたプロジェクトは時期的に合わず見ることはできなかったが、文化施設の先駆的な試みをいくつか見学できた。

　釜山の挑戦的なプロジェクトとしては、かつての中心街で今は空洞化が目立つ中央洞（チュンアンドン）のアーティスト村「TOTATOGA」が知られている[4]が、今回取り上げる事例は釜山市の金井（クムジョン）区でそのころ活動がはじまった2つの文化施設に関わるものである。

　まず背景から説明すると、金井区は釜山広域市の北部に位置する区で、人口は26万人。1988年の区制改革でその南にある東萊区から分離発足した。南西部の長箭洞（チャンジョンドン）は国立釜山大学の本部キャンパスがあった文京地区であるが、南部は立地する工場群が産業構造の変化による工場移転等でスラム化しつつある、低所得者が多く住む下町になっている。

　金井区では、2011年に青年文化支援条例が制定され、区による文化支援が開始されるようになり、私たちが訪れた1年前の2016年には市と区が資金を拠出して金井文化財団が設立された（区レベルの財団としては初めてのことという）。財団のミッションは、住民やアーティストと協働して日常生活の中でアートを支援、区のプライドを形成していくということにあり、生活文化フェスティバルや芸術教育、交流事業、芸術家支援等に取り組む計画で、年間事業費は日本円にして約1億円とのことである。

　見学したのはこの金井文化財団が支援している施設で、まず訪れたのは大学エリアにある雑居ビルの3階と地下を改装して整備した「金井アート・スポット」という施設である。3階のスペースは隣接

する国のコンテンツ産業振興施設（Content Korea Lab Busan）と連携し、特に大学生など若者たちの音楽やメディアアートの制作を支援している。アートやデザイン関係の図書室、パソコン室のほか、ここで作成された作品の展示スペースや、プレゼンテーションルーム等を備えている。そして地階は「MUSIC LAB BUSAN」という録音・編集ができるプロ用の機材が付いている音楽スタジオが3部屋、それにリハーサルスタジオと研修室が配置されており、ここからいくつかの若者たちのインディーズレーベルが韓国内はもちろん、アジア諸国に向け発信されているという[5]。

　もうひとつ見学できたのは、上記のクリエイティブ産業志向とは対照的な施設で、南部の工場地帯にある下町エリアの書洞（ソドン）にある、2階建ての横に長い荒れ果てた建物をリノベーションした「書洞芸術創造空間（ソドン・アート・クリエーション・スペース）」である。このスペースは、当初は当地に工場を有するDRBという産業用ゴム製品の会社が社会貢献事業[6]として2012年に整備したもので、それを金井文化財団が引き受けたという。芸術創造空間は、創造・シェア・学習・グローバルを活動の柱として、地域の人々の活動支援や交流、学びの場となっており、1階にギャラリー、ミニ図書室とブックカフェ、教室、2階に工作室（クリエーティブスペース）と音楽演奏やダンスなどができるマルチルームが設置されている。訪問した日にはギャラリーでは地域の人たちがつくった人形などの展示（説明によればユニセフと連携して世界の子どもたちに贈るものだという）、マルチルームでは韓国の伝統芸能であるサムルノリの稽古が行われていた。こう説明すると、日本にもある公民館と変わらないじゃないかと思われるかもしれない（筆者も最初の印象はそうだった）。しかし話を聞くうちに、ひとつは街に開かれていること、もうひとつはグローバルという活動の柱にもあるように、海外、特に東南アジアの国々との交流が盛んなこと（たぶん近隣には東南アジアから働きに来ている人々が多く住んでいるのだろう）は、現代日本の公民館とはいささか異なるように思われる。

これら2つの施設を見て思い出したのは、20年以上前になるが英国のリーズの近郊の町ハダーズフィールドの移民労働者たちが多く住む地区で見たコミュニティ音楽センター（Beaumont street studios）である。民間の非営利団体が運営するスタジオは、ちょうど金井区の2つの施設を合わせたようなところで、周辺の中東系の失業している若者たちに音楽やダンスの場を提供するとともに、施設内にあるコミュニティFM局から彼ら／彼女らの民族語を交え放送したり、さらにはインターンシップ生としてそのFM局でメディア製作に関する研修まで行うなどの活動をしていた。

その後知ったことだが、英国では1970年頃から若いアーティストたちが中心となってコミュニティアート運動が広がっていた。クレア・ビショップ『人工地獄──現代アートと観客の政治学』（フィルムアート社、2016）によれば、「コミュニティ・アート運動は、…コミュニティのアクティビズムという草の根レベルでの活動を展開」し、「（その）思想的なモチベーションの軸は、ほかならぬ周縁的な存在への関心に置かれていた。コミュニティ・アートは、そうした人々の権利を、参加型の創造的な実践によって、またエリート主義的な文化ヒエラルキーへの対抗を通して浮揚させようとした」という。こうした運動がその後も紆余曲折を経て、今日において社会的包摂型の施設として英国さらにはヨーロッパ諸国に活動が広がっているのである。

レッツ「たけし文化センター」と「のヴぁ公民館」

筆者は20年ほど前から、静岡県浜松市で活動するNPO法人（現在は認定NPO法人）「クリエイティブサポートレッツ」（以下「レッツ」）の理事を務めている。理事長の久保田翠さんは、2018年には平成29年度の芸術選奨文部科学大臣新人賞も受賞しており、いわゆる障害者芸術の分野では広く知られているが、久保田さんがこうした活動を始めた理由は、二人目のお子さんの壮君が重度の知的障害をもっ

て生まれたことにある。久保田さんは当初いろいろ悩んだ末、壮君が一人の（知的障害という「個性」をもった）人間として「あるがまま」に生きていくことをサポートする活動に取り組みだした。

　レッツの理念は、「障害や国籍、性差、年齢などあらゆる「ちがい」を乗り越えて、人間が本来もっている「生きる力」「自分を表現する力」を見つめていく場を提供し、様々な表現活動を実現する事業を行い……」とされているが、これまで実に「多様な表現活動を実現する事業」に取り組んできた。ここでは、本稿のテーマに関連する文化施設（？）事例として「たけし文化センター」と「のヴぁ公民館」、事業の事例として「表現未満、」を簡単に紹介する[7]。

　「たけし文化センター」（以下「たけぶん」）は、いわゆるハコモノ施設ではない。ウェブサイトによれば、それは「重度の障害のある「くぼたけし」という一個人の「やりたいことをやりきる熱意」を、文化創造につながる最も重要な柱として捉え、そうした彼の功績を讃え始動した公共文化プロジェクト」で、あらゆる人の技術や表現力、特性を掘り起こし、社会に発信していく「個人の持つ文化の発信・創造拠点」である。たけぶんは、最初は2008年の11月から12月にかけて、浜松市の中心市街地にある廃業した書店を使ってレッツの利用者などの作品展として開催されたが、翌年には半年間かけて障害者と一般の市民がともに活動するアートセンターの可能性を試行する実験事業として実施された。そしてその成果を受けて、新たに浜松市郊外に古いビルを借りて開設した障害福祉サービス施設「アルス・ノヴァ」などにおいて、地域、人をつなげる様々な実験的なイベントを繰り広げるかたちで展開し、2018年11月にオープンした中心市街地の「たけし文化センター連尺町」に至っている。

　「たけし文化センター連尺町」は、日本財団の支援を得て建てられた新築の奥に細長い3階建てのビルで、1階が通りに開かれた図書館カフェとオフィス、2階に音楽スタジオと障害福祉施設があり、3階は障害者たちが自立していくためのシェアハウスとなっている。言ってみれば、福祉の視点から見れば街に開かれた福祉施設、

文化の視点から見れば障害の有無をはじめ年齢、性差、国籍を問わずあらゆる人にとっての表現活動が可能な場で、ともに生活もできる（たけぶんでは「観光」事業と称して、誰でもがゲストルームに宿泊して障害者と一緒に生活体験ができる事業も行っている）、先進的な福祉施設であると同時に実験的な文化施設でもある。

　たけぶんでは実に多彩でユニークな事業を行っているが、ここでは2016年から取り組んでいる「表現未満、」プロジェクトについて簡単に触れておく。「表現未満、」とは、「だれもがもっている自分を表す方法や本人が大切にしていることを、とるに足らないことと一方的に判断しないで、この行為こそが文化創造の軸であるという考え方」で、文化的には「表現」のあり方自体を問い直すものと言える（「表現未満」のあとに「、」（読点）が付いていることが、そのことを示している）。2016年は「実験室」、2017年は「観光（光を観る）」、2019年は「文化祭」という名称で、一般市民や市外・県外からも参加者も募りイベント的に実施している[8]。

　ほかにもレッツは2014年に、連尺町に移転するまで使用していた郊外の建物の近くに、「障害のある人、ない人、様々な人たちが利用できる私設の公民館」である「のヴぉ公民館」を開設した。非常に古い小さな3階建ての建物で、1階にカフェ、2階・3階には工房や講座や教室として使用できる小部屋があり、専門の講師による絵画・版画、陶芸などの講座のほか、障害をもった人が講師となって社会との接点をつくる講座、「かたりのヴぉ」という哲学カフェ（哲学者がファシリテーターになっているが一般市民たちが生きることや社会について自由に語り合う会）などのレッツが提供する自主事業が開催されている。またユニークな事業に、就労継続支援B型事業の制度を活用して、障害のある人が中心となってレッツの中や近所で起こっていることを動画に撮って編集し番組化して、毎週YouTubeで配信する「週刊のヴぉてれび」[9]があり、それを観た人からの撮影の仕事の依頼にも応じている。

文化芸術の未来:芸術と社会の関係性の問い直しへ

　さて、筆者がこれまで見聞したり関わったりしてきた韓国と日本の、実験的というかちょっと毛色の変わった事例を紹介してきたが、これらを特殊なケースと見なしておいていいものだろうか。ここ数年日本でも文化をめぐる環境は、改正文化芸術基本法や障害者文化芸術推進法の制定を始め、文化的多様性や社会（的）包摂といった考え方が徐々に広がってきていると同時に、情報技術（ICT）の発展に伴うメディア芸術の裾野の拡大（特にコロナ禍でのオンラインを用いた様々なアート表現の試みは注目される）など、環境的にはこれらの事例は決して特殊ではないどころか先進的ともいえるだろう。

　これらの背景には世界的にも1990年前後からの社会変動——1989年の東中欧の「民主化」とそれに伴うソ連崩壊、冷戦終結、その後の「テロとの戦い」もさることながら、文化面で大きな影響をもたらしたのは新自由主義経済による格差拡大、社会的排除の進行とインターネットを軸とするICTメディアの普及が大きいことはあらためて指摘するまでもない。こうした中、世界的な規模で「リレーショナルアート」や「ソーシャリー・エンゲイジド・アート」等と呼ばれる芸術が見られるようになり、日本では特に大震災など多発する災害もあって、「絆」を模索する芸術活動が大きく注目されるようになってきた。そして一昨年からの新型コロナウイルスのパンデミックによる芸術環境の大変化がやってきたわけである。

　これまでにも世界的な時代的転機が訪れた際、クレア・ビショップも指摘しているように、その前後に必ずといっていいほど既成の芸術を越えようとするムーブメントが見られる。第一次世界大戦前後のイタリア未来派、ダダイズム、ロシア・アヴァンギャルド、バウハウス等の運動は、新しい技術とメディアや産業の登場、それに伴う大衆社会化現象、またロシアや各地での革命運動と切り離しては考えられないだろう。また世界的に経済的ないし政治的・社会的

な変動が起こった1960年代も様々なかたちで既存の芸術のあり方が問われた時代であった。フランスのシチュアシオニストによる「スペクタクル」化した現代社会批判、ヨーゼフ・ボイスによる市民を巻き込んだ社会を変革するための「社会彫刻」、そして先にも少し触れた英国のコミュニティアート運動等々（日本でも「劇場の公共」を提起したアングラ演劇——少なくとも演劇センター68/70のプログラムはそれを自覚的に目指していた——など様々な脱制度的な芸術運動が燃えさかっていた）。

　このように眺めてみると、芸術と社会との関わりは深く、特にこの四半世紀その関係はより強まってきている。そして、以前はアーティストはどちらかといえば批判的・挑発的なかたちで社会と対峙してきていたのが、この第三の波では自ら積極的に関与する方向へと流れを変えてきているように思われる。

　こうした大きな流れを踏まえて、最後にこれからの劇場ないし文化施設の「公共」との関連に簡単ながら触れてまとめとしたい。

　ここでポイントとなるのは、「公共の劇場」ではなく「劇場の公共」というタイトルである。「公共の劇場」というと、NPO法の制定などもあって今世紀になってからは公共劇場を「公＝官」が設置した劇場（施設）という捉え方は減ってきているが、しかし「公＝不特定多数」のための施設という見方は、地方自治法の「公（おおやけ）の施設」規定もあって、特に文化行政や文化施設の運営に携わる人たちには根強い。いずれにせよ「劇場」とは何か、そこで表現される内容についてはあまり問われることはない。これに対し「劇場の公共」では「劇場」——そこで表現される公演芸術の「公共」が問われることになる。

　では、その表現されるものの「公共」とは何か？

　それは時代によって、また地域によって、すなわち「劇場」が置かれた状況によって異なり、また変化していくものであろうが、そこには、先にも触れたように（不特定多数のためではなく）「たった一人でも排除しない」表現——個性の現れが保証されることが求めら

れている点で共通している。すなわち、ハンナ・アレントの言葉を借りれば、「人びとが、他人と取り換えることのできない真実の自分を示しうる唯一の場所」[10]であることにこそ「劇場の公共」はあるといえるのではないだろうか。

　そういう意味では、冒頭に触れた「まだ名付けられていない」芸術というか表現とそのための「場」の模索は、今こそ求められてきているのではないだろうか[11]。

1 それは、当時は意識していなかったが、今から思うと、鶴見俊輔のいう「限界芸術」のようなものだったのかもしれない。周知のように鶴見は、今日の「純粋芸術」と「大衆芸術」の間に「両者よりもさらに広大な領域で芸術と生活の境界線にあたる作品」を「限界芸術（Marginal Art）」と名付けている。

2 調査は日程の都合もあり実質1日にいくつかの訪問先を駆け巡ったこともあって、取材内容については聞き違えや聞き漏らしは少なくなく、日本語ないし英文のウェブサイトがあるものについては多少確認したが、正確さにおいてやや欠ける点があることをお断りしておく。

3 ここで韓国の地域文化財団について簡単に触れておくと、1994年に地域文化振興法が制定され、その後何回かの改正を経て地域独自の文化振興の推進が図られている。20年ほど前から広域自治体である「道」やソウル特別市や、釜山や大邱、光州などの6つの「広域市」に徐々に行政とは半ば独立した文化財団が設立され、またその後も全国220余の基礎自治体（市、郡、区）にも半分近く文化財団が設立されてきている。基礎自治体の文化財団の多くは、日本と同様に文化施設の管理等が主な事業のようだが、「道」や特別・広域市の文化財団は地域の芸術文化プロジェクトへの助成や若者への文化教育、また市民の文化芸術享受機会の拡大などが主たる事業となっていて、文化施設運営にはレジデンス施設や創作工房以外はほとんど関わっていない。

4 TOTATOGAは中央洞の古い空きビルを釜山文化財団の支援のもと、アーティストたちがレジデンス施設として自主運営しているプロジェクト。福岡県の糸島でゲストハウスを開いている野北夫妻のブログに紹介されているので参照されたい。https://itoshima-guesthouse.com/2017/12/11-busan-totatoga/

5 より詳しくは、https://www.musiclabbusan.com/eng/html/00_main/参照。

6 DRB社の社会貢献活動についてはhttp://www.drbworld.com/jp/corporate/management/csr.php参照。なお、ウェブサイトには出ていないが、DRB社は書洞の隣の町「錦糸洞（クムサドン）」にある社屋に劇場を設置し、地域住民の使用やアーティストのレジデンス事業も行っている。

7 クリエイティブサポートレッツのミッションや様々な活動については、http://cslets.net/introduction参照。なおコロナ禍も有り、現在事業のいくつかは縮小や変更されている。

8 より詳しくは「表現未満、」専用のウェブサイト（https://miman.hamazo.tv）、およびローカル・アクティヴィストの小松理虔氏が1年かけて取材したレポート『ただ、そこにいる人たち』（現代書館、2020）を参照されたい。

9 現在は「週刊あるす・のヴぉ」と名称を変え続いている。2021年10月8日のVol.205では、たけし文化センター連尺町やのヴぉ公民館の活動が取り上げられている。https://www.youtube.com/watch?v=2VlhmDliSBk

10 ハンナ・アレント『人間の条件』、第2章「公的領域と私的領域」より。アレントはまた、「公に現れるものはすべて、万人によって見られ、開かれ、可能な限り最も広く公示されるということを意味する」とし、それは「個人的経験を芸術に転換する際に起こる。しかし、このような変容を見るには、ことさらに芸術的な形式を必要としない」とも述べている。

11 ちなみに鶴見俊輔は、「芸術を純粋芸術として考えてゆくことが、芸術を他の活動からきりはなして非社会化・非政治化してしまうのとちがい、また芸術を大衆芸術として考えてゆくことが、芸術を他の活動に従属し奉仕するものとして過度に社会化・政治化してゆくのともちがって、芸術そのものの観点につきながら他の活動の中に入ってゆき、人間の活動全体を新しく見なおす方向をここから見出せるのではないかと思う」と述べており、今後こうした「限界芸術」の視点からも考えていきたい。

舞台技術の大変革は
劇場の公共性に何をもたらすのか

インタビュー＃1 舞台技術全般

創作発信型劇場の新しいモデルを目指して
堀内 真人

プロフェッショナルへの道

　私は現在KAAT神奈川芸術劇場（以下、KAAT）の事業部長と技術監督を兼務していますが、舞台に関わったのは大学で学生劇団に参加したのがきっかけです。大学に籍を置きながら、アルバイトで大道具製作や小劇場で舞台監督の助手などを務めていました。そんな時、現在SPAC（静岡県舞台芸術センター）の芸術総監督、演出家として活躍する宮城聰氏から声をかけていただき、氏のソロパフォーマンス『ミヤギサトシショー』で初めて舞台監督を務めました。

　それから、80年代後半から90年代にかけての小劇場ブームにどっぷり浸かりながら経験を積んでいきました。当時は、専門学校や大学で学んでプロフェッショナルになるというより、現場で人脈を広げながら、スキルを磨く時代でした。青山劇場の10周年記念事業として制作された白井晃氏演出の『銀河鉄道の夜』で、私は演出助手として参加していたのですが、その公演の技術監督を務めていた眞野純に出会い、それ以降、様々な公演やプロジェクトに、舞台監督だけでなく、技術監督助手やプロダクションマネージャーとして携わるようになりました。眞野純は、現在KAATと神奈川県民

ホールの館長に就いており、今も私は一緒に働いております。

　眞野は、日本で初めて技術監督と名乗った人物です。私も、出会った時に、初めて技術監督という役割を知りました。私が舞台監督での経験、いろいろな舞台監督とご一緒して思っていたことは、現場を取り仕切る舞台監督のあり方が多様であり、その役割が非常に幅広いことでした。舞台監督という仕事の領域があまりにも広く、体系的に意識されておらず、その進め方は属人的になり、若い人材が一人前になるには常に一緒にいて、先輩から様々なことを覚える必要がある。私は自己流で舞台監督を始めてしまいましたが、その危うさとともに、人を育てることの難しさを痛感していました。

　作品制作（クリエイション）を在来の仕組みにこだわることなく進めることで、当時急激に進んでいた、パフォーミングアーツの大規模化、高技術化、そして国際化に対応していく、そのための最初のキーワードが「技術監督」だったと思います。舞台監督のあり方を含め、役割や進め方をロジカルに再構築していく、その試みに私は若輩ながら大いに興奮しました。眞野は、ロンドンへの留学体験から、後述するプロダクションマネジメントという概念に出会い、それを日本の現場に反映するために、技術監督として活動を始めたのは、1990年ごろだったと聞いています。

世田谷パブリックシアターの新しい試み

　1997年に開場した世田谷パブリックシアターでは、眞野は劇場の技術監督を務めていました。私は、外部のスタッフでしたが、劇場の主催公演で、数多くプロダクションマネージャーとして参加させていただきました。世田谷パブリックシアターは、作品制作（クリエイション）を行い発信する場としての劇場の公共性を問うた、公共劇場の先駆けでした。それまで民間の立場で作品制作の新しいかたちを模索していた眞野はそこでプロダクションマネジメントの役割を明確にしようと取り組みます。

　プロダクションマネージメントを担うプロダクションマネー

ジャーの役割は、演目の中で、各セクションを包括した全体のスケジュール管理や技術に関わる予算の管理、各セクションの仕込み内容を重ね合わせ、そのレイアウトを整理することなどです。それらは、従来舞台監督が行っていたことも多く、それらをプロダクションマネージャーが担うことで、舞台監督は、より責任の範囲が明確になり、狭い意味でのステージマネージメント、つまり稽古場をしっかり運営し、俳優と演出家のそばにいて、望む表現を高いクオリティで安全に繰り返し上演することに注力できます。

　世田谷パブリックシアターは、こうした分業と責任の明確化に、日本で初めて取り組んだ劇場です。

海外研修で学んだこと

　2003年から2004年にかけては、私は文化庁新進芸術家在外研修員として、フランスと英国で研修を行いました。

　英国では、どの公立劇場にもプロダクションマネージメントを担当するプロダクションオフィスという部署がありました。特に、ロンドンのロイヤル・ナショナル・シアターには、十余名のスタッフが在籍するプロダクションオフィスがあり、また、先に述べたステージマネージメントを担うステージマネージャーも劇場にいる。作品をつくり出す公共劇場の、ひとつの完成形を観察し体験できました。一方、フランスでは、英国流のプロダクションマネージャーというシステムはなく、また別の役割の体系があり、国、社会により事情は異なるのだと実感しました。

　ヨーロッパでは、プロフェッショナルの舞台技術者として仕事するために必要な教育や知識が明確になっています。また例えば、一人でもてる重量に定めがあり、大道具には裏側に必ず重量を表示していなけれればいけない、というように安全衛生への意識が高い。

　フランスと英国でも現場のやり方が違うように、絶対的なスタンダードというものはなく、日本でもひとつのやり方にまとめる必要はないと思いますが、実現していく手段とそこに潜む危険、どんな

責任体系の中で把握されるのか共有する必要を強く感じます。

日本の劇場にプロダクションオフィスをつくる

　KAATには、技術設備細部の仕様決定や開館のための組織づくりから関わりました。作品を創作し発信する劇場として、どういう組織をつくるか。それまでの経験、特に同じ公共劇場である世田谷パブリックシアターでの経験を元に、そしてヨーロッパで見聞きし体験したことを実現していくために、プロダクションオフィスという部署、チームを、舞台技術課の中に置くことにしました。

　プロダクションオフィスは、作品ごとにクリエイティブチームやランニングメンバーの編成から、すべてのプロセスの進行、創作現場を統括する業務、そして舞台機構、照明、音響の各セクションからなる舞台技術課全体のマネージメントを行います。

　KAATは、作品、その演出やデザインに合わせて、劇場のかたちを変えられることが大きな特徴です。劇場構造の可変性が非常に高く、ホールも大スタジオも客席のかたちが変わります。通常の劇場では、チケット売り出しの準備も座席は固定なのでオートマチックに行えますが、KAATでは、どういう客席のかたちにするのか、から調整がはじまります。舞台については、照明ブリッジの場所が変更できるほか、幕地類ほか吊り物位置も基本的にすべて変えられるというのが前提です。2011年の開館以来、KAATは、こうした劇場の機能を存分に活用して成果を上げてきました。竣工時には可変できる機構だったとしても、やがて可変を止めて固定設備として使用している例を過去に多く見てきましたが、KAATでは劇場スタッフ全員が、劇場が姿を変えていけることを最大のストロングポイントだと自覚して、取り組んでいます。だからこそ、デザインワーク、仕込み作業から券売に至るまで、調整役を担うプロダクションオフィスが果たしている役割は大きいといえるでしょう。

　個々の作品制作（クリエイション）に必要だと考えることから取り組みはじめたプロダクションマネージメントは、KAATのような年

間を通じて作品を創作発信する劇場にとっては、組織あるいは施設のためにも、必要不可欠な機能であることを確信しています。

安全に豊かな上演を行うために

　劇場という施設、あるいは劇場で行われる作業には、常に危険が潜んでいます。だからこそ、その危険を最小にするための措置を二重三重に講じていますが、危険はゼロにはなりません。また、常に新しい試み、演出やデザインへの挑戦がアーティストから提案されます。そのときに、危険だから表現の内容を我慢するという引き算の発想にすぐに向かうのではなく、どうすればより安全に実現できるのかを考える姿勢が求められています。それが、ただの慣習やルールだからではなく、しっかり思考し言語化されていくことが大事だと思います。

　かつて、ロンドンで故・蜷川幸雄氏演出の『ペリクリーズ』という作品の上演を行った際、私は初めて「リスクアセスメント」という言葉を知りました。ロンドンでは、公演の中にある危険性をリストアップして、それを減じるための対策を書き出して、総体としてどう安全であるかを明記した書類を、自治体に提出し承認を得ることになっていました。日本でも厚生労働省が労働安全衛生の施策として、広く事業所にリスクアセスメントの実施を推奨しています。劇場においても、安全確保の取り組みを思考し言語化する方法として、とても有益だと思います。私も、基準協（劇場等演出空間等運用基準協議会）での活動をはじめとして、この「リスクアセスメント」を活用するように働きかけています。

　劇場が安全に豊かな上演を行う場として成熟していくためには、やがて認定制度や資格制度のようなものが必要になるだろうと思っています。

　舞台芸術、エンターテインメントも含めて、文化そのものの価値、人を喜ばせ感動を与え成長させる、その価値を人々に届ける場所として、劇場は社会に不可欠な場所だと正面から説明し認められるよ

うにならなければなりません。そのときに、例えば街のベーカリーが人々の暮らしに不可欠なパンを社会が認める安全基準に則って焼いている、劇場では、同じように作品を創作し上演している劇場人がいる、生きていくのに不可欠なものとして。そのときに、その劇場人のもつ資格は、決して管理人がもつべき資格ではありません。

新しいモデルへ

KAATは、2011年の開館以来、創作発信型劇場のひとつのモデルでありたいと考え、活動してきました。これまでは、先達の経験を元に、いいとこ取りのハード、組織をつくり、方法論をアップデートするという道のりでしたが、これから次の時代のモデルをどう見つけていくのかという時期に入っていると感じています。

今、長塚芸術監督の元に、劇場を街に「ひらいて」いくということに取り組んでいます。まだまだ県民、横浜市民の中にはKAATという県立の劇場が横浜にあることをご存じない方がたくさんいらっしゃいます。演劇やダンスに興味をもった方だけが興味をもって来場する場所ではなく、街の皆さんが、公共の、つまり「自分たちの」劇場として知っていただき、公演を観るためでなくても、何かわくわくできる場所として足を運んでいただける、あるいは自分の住む街の劇場として自慢していただける、そういう劇場を目指しています。

同時に、時代を映す演劇・ダンス作品を創作する場、先鋭的な表現を実現する場であり続けなければいけません。お気に入りの俳優や劇団を観にいらっしゃるお客様だけでなく、見たことのない美意識や価値観に出会える場所として劇場に来ていただく方が増えるといいと思います。そうして、経済、観光や街づくりの文脈からだけではなく、劇場文化あるいは劇場が、人の心を豊かにする、人を育てる場として社会に必須なものなのだということが、明確に社会のコモンセンスになる、そう認められなければならない。そういうことを体現するモデルを模索していきたいと思っています。

機能を最大限に生かす人材育成を

黒尾 芳昭

ピンスポットの変遷〈アーク〜クセノン〜LEDへ〉

1976年に、つかこうへい事務所のオーディションに受かり、紀伊國屋ホールで上演された『ストリッパー物語・火の鳥伝説』の公演で、いきなり照明を担当させられたことがきっかけになって、今日まで舞台照明に携わっている自分がいます。

劇場には、様々な照明機材がありますが、その光源の多くは基本的にはフィラメントの電球です。元々はタングステンと呼ばれる丸い電球だったものが、次第に細長く効率の良いハロゲン電球に変わっていき、最近ではホリゾントライトやボーダーライトなど所謂フラッドライトがLED化される傾向にあります。

大きく様変わりしたのは、ピンスポットです。70年代から80年代にかけてのピンスポット照明は、2つの炭素棒を放電させることによって明かりを起こす「アークピン」が主流でした。その後、80年代から90年代には、クセノンランプによる「クセノンピン」に置き換わっていき、さらに、ここ10年ほどの間には「LEDピン」に様変わりしています。

舞台においては、"省エネよりも効率"が重視され、より明るい照明が求められていた時代が続いていたといえます。

電圧における日本の特殊事情

電圧については、日本は100ボルトが標準ですが、世界基準で見

るとこれはかなり特殊です。実際、200ボルトの方が効率的で、近年、劇場側では200ボルトの電源を用意していることも多い。そのため、ムービングライト系は200ボルト、LEDについては100ボルトでも200ボルトでも使えるという機材がほとんどです。

DMXの登場とムービングライトの進歩

　舞台照明にとって大きな転換点といえるのは、1986年のDMX登場によるアナログからデジタルへの変化と、ムービングライトの発展です。今でこそ、ムービングライトは舞台照明デザインには欠かせないアイテムとなり、多くの舞台照明会社も自社で所有したり、公共ホールの備品にも積極的に取り入れられるようになりましたが、その歴史は意外に浅く、1981年、ジェネシスのバルセロナ公演で使用されたバリライトの時代から中国製品の価格破壊までは驚速に変化していきました。バルセロナ公演当時は、DMXがまだ誕生しておらず、アナログ信号で制御していたのだと思います。5年後にDMXが登場し、ここから2つの技術が融合。現在では、DMXはケーブル1本あたり512回線分の信号を送ることができ、信号の伝送もLANから光へと進化が加速していきました。

　ただし、小劇場においては、高額かつ当初は冷却ファンの静音性が低く、ムービングライトが使われるようになったのは2000年代に入ってからだと記憶しています。

LEDの進化の特殊事情

　LEDへの光源の変化については、国内において蛍光灯の製造を中止し、2030年までに100%LED化を目指すという社会的トレンドが大きく影響しています。

　LEDの課題は演色性にあります。演劇の場合、人に照明を当てた際に電球との差異が生まれてしまう。しかし、色を数値に置き換えて補正する技術がずいぶんと向上し、現在では演劇でも使える機材が増えており、また、LEDは製品サイクルが速く、新製品がどんど

ん生まれています。大容量の光源が必要なスタジアムなどで使う照明についてもLED化は進み、テレビスタジオの機材は、ほぼLED化され、操作卓も小型化が進んでいます。

日本製の調整卓は遅れている

ムービングライトと一般的な劇場照明を同時に制御可能な国産卓も存在しますが、海外製に比べると非常に不便なのが現状です。海外製の卓は、全世界で販売されている機材のリストが表示され、それを選択すると自動的にパッチングされ、すぐ使用できる機能が搭載されているものが多いのですが、国産ではそこまで進んでいないのです。その理由のひとつとして、日本では独自の調光システムが長きにわたって採用され、さらにCOMOS／JASCIIという日本独自のデータ変換システムがあり、それが国内の多くの公共ホールで使用されているという現状が大きいと思います。

海外では分業化がスタンダード

照明スタッフの仕事の進め方についても、国内と海外では違いが見られます。海外では、電源をとる人はそれのみを行い、ピンスポットの担当者はピンルームに通ってそのまま帰る、というように分業化が行われています。機材ひとつにしてもクランプなどを使ってしっかりと固定する力仕事であり、電源についても、日本はサスバトンに回路がありますが、海外では基本的に回路がなく、上演作品ごとにまったく違う位置に電源が設置されるなど、照明のあり方についての出発点の違いが分業化につながっているんだと思います。

LEDの現状と弊害

今、国内での500〜600人規模のホールで、機材をLEDに変えるケースが増えています。LEDはDMX信号ですべてを制御することが可能になる一方、凸レンズやフレネルレンズスポットをそのままLED化したために、色を変えることができず従来のカラーフィル

ターが使えない弊害が生まれています。

そのため、新しい機材をどう使いこなしたら面白い照明ができるかという想像や経験が必要ですが、試行錯誤を繰り返すことで、デザインの可能性は大きく広がると期待しています。

照明の未来は?

照明のLED化が進んでいくことで、電源の容量はかなり小さくなり、軽量・小型化も進んでいます。さらに将来、バッテリー自体が進化していくことで、公演中に電源供給せずに済む時代も来るのではないかと思っています。

劇場のスタッフに関しては、照明も機構も音響も一定の水準で扱える人材がいる劇場と、各セクションの専門化が進んだスペシャリスト集団が在籍する劇場と二分化されていくのではと考えています。後者については、技術的なノウハウや全体のワークをディレクションする「テクニカルディレクター」の存在が重要になってくるでしょう。かつて、業界のベテランが中心となり、勉強会を開き、ゆくゆくは資格制度をつくろうという流れが生まれましたが、現状は頓挫してしまっており、あらためて議論が必要です。

法律改正と人材育成

仕事の環境面を見ると、労働安全衛生法が改正され、2022年1月から2メートル以上の高所作業はヘルメットとフルハーネスを着用することが義務化されました。実態として、ヘルメットとフルハーネスを装着しているものの、正しく使用されていないケースも見受けられます。

ホールや劇場における公共性を考えたときに、利用者にどういった技術サービスをするかは大きなテーマです。ハイスペックなハードは用意したが、次はスタッフの意識がアップデートされていなければ意味がありません。一人ひとりの技術、意識を高めていくことが今こそ求められています。

映像と舞台技術の共存と調和へ
飯名 尚人

映像×舞台芸術の変遷

　私の体験では、舞台作品に映像が汎用的に用いられはじめたのは2000年代になってからと思いますが、ざっくりと歴史を見返すと、記録したものを再生するタイプのビデオアートがあり、90年代に入るとVJ、プログラミングアートが登場してインタラクティブ性が加わり、さらにインターネットを活用しリアルタイムにデータをやりとりしながら作品をつくる試みがありました。

　そこから現在までに、舞台の中の映像デザインはどれくらい進化したでしょうか。基本的なアイデアはあまり変わっておらず、「技術的洗練はされた」という印象です。映像と舞台芸術の共存と調和の議論はまだまだ足りていないし、これからだと感じます。

映像はテクノロジーとともに発展する

　映像表現はハード面とともに発展してきました。私の作業の中での技術的な大きな転換期は、Appleのラップトップ機PowerBookの登場でした。仕事場で作業中のデータをそのまま劇場に持ち込んで、そこで再生、修正作業までできてしまう。そのスピード感は舞台の現場で求められていたように思います。さらに、小型の民生機ビデオカメラの進化、8ミリフィルムからVHS、Hi8、そしてDVテープになったときに、撮影を外注する必要がなくなりました。

　最近では、配信用ビデオカメラなどを市民に貸し出す公共劇場も

生まれています。プロジェクターの小型化、高輝度化も進み機材の質は高くなるでしょう。課題は、劇場スペックと設置される機材スペックが合っているか、どの程度のユーザーレベルをデフォルトにするかを見定める必要があること。ハイレベルの機材が設置されても、その都度専門家を呼ばないと動かせないのではコストがかさみ利用頻度が低下しますから、ユーザーとの機材バランスは大事です。

パリコレ、ホログラムの衝撃

　映像パフォーマンスの新しい表現として私が衝撃を受けたのは、2006年のパリコレクション、アレキサンダー・マックイーンの演出で、ドレスをまとったケイト・モスがホログラムで登場し宙を舞った時でした。「ファッション界の映像演出は、ここまで進んでいるのか」と驚きました。生み出された物語、コンテクストもスマートでした。私はこのアイデアはもっと早く演劇やダンスの舞台で利用されるかと思ったのですが、だいぶ時間がかかっています。予算面の課題もありますが、ホログラムをどう演出して、どんな物語を混ぜ込んでコンテクストをつくれるかという表現として必要な部分の開発があまり進んでいないのです。

物語とコンテクスト

　IMAX投影や4DXによる映画作品もつくられ、物語の没入感とは別に、ビジュアルアートとしての没入感、アトラクション的な没入感が提供されはじめていますが、演劇で使われる映像デザインでは、演劇作品がもつ物語をどう扱うかが課題です。どんな物語で、誰がどう演出し、誰がどう演じるのか。これらは演劇の基本要素です。映像デザイナーが作品のコンテクストを見いだせていないと、賑やかしの一過性の映像プランになってしまう危険性もあります。

　メディアパフォーマンス作品で、センサーを付けたダンサーが動くと映像やサウンドが切り替わるという演出において、観客の驚きが一瞬はありますが、割とすぐに「だからなんだ？」という反応に

になりがちです。ダンサーと映像が連動している面白さは提供できても、それ以上の表現にたどり着くのが難しいわけです。大切なのは、舞台の映像表現の中にも、物語とコンテクストをうまく持ち込めないとデジタルデモンストレーションとして終わってしまい、長尺の舞台作品では耐用できないのです。

映像セノグラフィのこれから

　舞台芸術における映像の使われ方にはまだまだ課題が多いのですが、演出家と映像作家の関係性の中に、その解決の道筋はあります。私自身、以前より舞台の演出家と映像の話が密にできる環境になってきました。かつては、舞台映像の依頼を受けた時には映像以外はもうすべて決まっており、映像は後乗せで使われることが多かったのです。近年は美術ミーティングや照明ミーティングの最初から映像担当として参加し、映像を組み込んだ舞台美術（映像セノグラフィ）もつくられるようになり、以前に比べると舞台創作チームの一員として映像が認知されるようになったと感じています。映像と身体をともにつくっていくプロセスが認知されつつある今、舞台の映像デザイナーに求められているのは、舞台機構、舞台美術の知識があり、戯曲が読めて、作品のコンテクストを議論できることです。

記録映像は生の舞台を越えられるか？

　舞台作品を映像で記録する際、舞台を生で観ているのと同じ体験のできる映像記録が求められますが、さすがにそれは無理です。劇場の空気感や立体感を、家庭にある平面モニターから感じることは難しいでしょう。しかし平面モニターだとしても、可能性としては3つのことが挙げられます。ひとつは、映像の解像度を上げることで、オペラグラスで観劇するように、好きな部分をクリアに拡大できる映像記録です。これは美術の世界で利用され始めているアイデアで、会場ではできない作品体験となります。2つ目は、映画作家や映像作家の個性的な視点で撮られた記録映像を観るという楽しみ

です。舞台作品を映像で観る面白さの中に、映画的視点を取り入れ、別のものとして楽しんでもらう。舞踊家ピナ・バウシュを例にすれば、ピナ自身が監督した作品、シャンタル・アケルマン監督が撮ったピナ、ヴィム・ヴェンダース監督が撮ったピナ、という風に3つの個性的視点のピナ・バウシュの踊りが映像で楽しめるわけです。最後の3つ目は、録音の質を追求していくことです。

映像配信が拡張する舞台の公共性

　映像配信の着手が一番早かったのは、アニメ、ゲーム、アイドルのコンテンツだと思います。2.5次元演劇が映像に長けているのも、その流れがあるようです。若い人たちが観劇しながらSNSに書き込むなど、遊び方が自由に開発され、公共性が自生されます。演劇だから静かに黙って椅子に座って観なさい、という観劇方法だけではなく、いろんな方法があることも積極的に受容していいと思います。しかし、舞台芸術界ではオンライン配信やインターネットに対する疑念がまだまだあり、そこにはジェネレーションギャップが存在しているかもしれません。マーケットやポピュラリティが動くということは、何か重要なものが形成されているわけなので、それを察知できず無視しているとどんどんタコツボ化してしまいます。かといって、軽薄な発想で配信されるコンテンツへの疑問は多々ありますから熟考しなければなりません。どちらにせよ、舞台芸術の価値観が形骸化しないよう心がけないといけません。デジタル映像は技術的な展開が早いので、その都度、機敏な対応が求められます。舞台の映像配信については「劇場への来客が減るのでは？」「映像では劇場本来の楽しみが伝わらないのでは？」という心配もあるかもしれませんが、劇場と配信の両立を真剣に検討する時期がやって来たと考えてよいのではないでしょうか。

（インタビュー記事）

COVID-19とこれからの劇場

佐藤 信

COVID-19で明らかになったこと

　現在、「コロナ禍」と表現されている事柄は、正確には「コロナ」と「禍」の間にスラッシュを入れて考える必要があるのではないでしょうか。私たちが災いだと思っているものは、COVID-19が引き金ではあるけれども、たとえパンデミックがなかったとしても、早晩、ほかの引き金によって起こったことではないかということです。明らかになったのは、「失われた30年」といわれる新自由主義以降の社会の実相と、その陰に見えにくかったすでに30年近くの積み重ねがある社会の新しい動きの兆しです。

　この30年、新自由主義以降、一見、世界は大きくは何も動いていないように見えます。ITやAIにしても、決して一直線の成長軌道にあるわけではなく、経済中心の現在の社会に適合するときには実像が見えて、適合しないときには沈んでいってしまう。そんな繰り返しが続いてきました。しかし、停滞しているように見える社会の底流に確実に生まれ育ってきている変化、社会的価値観の新しい様相が、COVID-19によっていったん停止状態のようになった今、少しずつですがかたちを現しはじめています。

さまざまなかたちの社会的な実証実験

　COVID-19に対応する中で、社会は、思いも寄らない様々な実証実験の場となりました。ネットワークを活用した在宅勤務や、ネットワークによる対話はその顕著な例で、COVID-19が発生しなければ、ここまで多様化な展開が一気には進まなかったでしょう。

演劇の世界でいえば、パフォーマンスが成立する観客数についての、顕著な変化があります。以前なら、10人足らずの観客とか、200人の会場に半分の100人しか観客のいない劇場は、そのことだけで観客に一種の気後れのようなものが生まれて、なかなか舞台に集中できる場とはならなかった。ところが非常事態宣言やCOVID-19後は、少人数の観客によるパフォーマンス上演について、演者も観客もいつの間にか当たり前のものとして自然に受け入れるようになった。今後COVID-19という要因がなくなっても、少人数の観客はひとつの常態となり、解決すべき様々な課題も見えてくるはずだと思っています。

COVID-19は演劇の危機ではない

　COVID-19の流行に合わせて、「演劇を守らないと、このまま滅びてしまうかもしれない」という声が挙がりましたが、これまで、演劇が滅びたことは一度もない。その理由は、演劇には常に観客側からの「欲求」が存在しているからです。

　太平洋戦争中に、杉村春子の『女の一生』を観劇していたら空襲警報が鳴り、観客も俳優も防空壕に逃げ込んだという逸話が残っています。演劇なんて観ている場合かという状況の中でも、大げさに言えば生死をかけて、人は劇場に足を運ぶ。現在の緊急事態宣言やまん延防止等重点措置下の状況でも同じでしょう。それは同時に、演劇や劇場の社会的な役割は何かということを、あらためて問い直すきっかけでもありますし、演劇や音楽、芸術文化の価値とは何かを、劇場や当事者の側から社会に提示するチャンスでもあります。

公共施設の役割は、時代や社会と向き合うこと

　少子高齢化や都市人口の増加、経済の減縮、地球環境など、これらは、失われた30年の負の遺産ともいえる課題ですが、現在の停滞の要因は、それらの課題と新自由主義下の経済体制を今後も維持させるための施策との「矛盾」です。例えば、地球環境問題について

の一連の経緯を見ても、石油の使用を止めたときに想定しなければならないライフスタイルの根本的な変化という基本課題についての合意形成のないまま、プランや取り組みが進められています。皮肉な話ですが、地球環境は新しい投資対象の名目に成り下がってしまっているとさえ言っても過言ではありません。今こそ、高度成長とは異なる、別な社会発展（継続）のあり方を真剣に考えていく必要があります。そのことを、COVID-19は突きつけているんじゃないかと思います。

　そのような背景を踏まえると、劇場などの公共施設についてもまた、官民の芸術文化助成などを通して掲げられている未来のビジョンの多くは、必ずしも変化の兆候をきちんと反映したものには思われません。「文化立国」政策という国家ブランディングをもとにした文化経済による成長という筋道は、近頃盛んに言われている「クリエイティブインダストリー」などの文言を含めて、むしろ、社会変化の動向とは対極に位置しているようにさえ思われます。

「公共性」とは、個人の社会的なふるまいの機軸となるもの

　「公共性」についてあらためて言うとすれば、市民社会以降の「公共性」は、個人がある装いをもって（一種の演者として）社会参加する、その振る舞いの機軸となる観点です。

　経済の面からでは、短・中期的な視点での「再分配の根拠」、そして長期的視点での「次世代投資」についての合意です。市民社会以降の公共概念やそれに基づいた人々の振る舞いは、この2点によって成り立ってきたというのが、私の理解です。

　高度成長社会では、企業やそれを構成している人々は、自分たち自身の利益追求だけではなく、そのような振る舞いを通して自分たちの「公共性」を理解していました。

　しかし、この合意の根拠になる個人的な振る舞い、言い換えれば仮想的な「私」のあり方そのものが、今、大きく位相を変えようとしているのです。いわゆる近代的な市民や個人ということでは平準

化できない、それぞれの差異を前提とした振る舞いに変化しきていることにもっと注意が払われる必要があると思います。

変化の三要素

　新しい「公共制」を考えていく上での変化について、概略を次の3つに整理して考えています。ひとつ目は、シェアです。現在、人々の暮らしの中に、シェアという概念が様々な局面で組み込まれはじめています。旧来のシェアは、一般的には経済的な効果として理解されています。シェアすると一人当たりの費用が安く済むとか。しかし、シェアという概念は、突き詰めていくと非所有という意味をもっている。そもそも所有、あるいは私有する必要がない。物だけではなく、「場」や社会関係などの「事」との関係について、今後、シェアは大きな意味をもってくると思います。

　次に、ネットワーク。従来のネットワークの広がりや拡大という基本イメージに対して、フェイスブックやライン、あるいはツイッターなどのSNSは、拡大というよりは緩く閉じた小規模で濃密なネットワークが基本です。人間というのは一人では生きられない。必要とされている集団規模はおおよそ150人程度といわれていますが、それがSNSなどのネットワーク規模と見合っている。この緩く閉じた小規模ネットワークと地縁的なコミュニティとの関係性が新しい社会構造の基盤をかたちづくりはじめています。

　最後に越境です。境界を乗り越えるのではなく、境界の存在を第一義としないという考え方。「新しいこと」は、必ずしも「古いこと」を倒すことによってもたらされるわけではない。前あったこととは無関係に新しいことがあって、それは両立してもいいという考え方。近代主義的な二項対立では正確に読み解けない社会。その状況に対して、アカデミズムなどが追いついていない気がします。

民間劇場、公共劇場の現状

　歌舞伎を含めて、いわゆる商業演劇を上演する民間劇場の多く

は、作品を創造、上演し、基本的には入場料収入に依拠した経済活動を行っています。60年代後半から活動が活発化した、小劇場と呼ばれる民間施設の多くも、当初は同様に自らの作品を創造し、上演するという劇場本来の姿をもっていました。しかし、半世紀にわたる発達の中で、それら小劇場は次第に運営、維持を貸し館収入に依存する不動産業的体質の施設に変化してきました。

　一方、1980年代後半からの公共劇場では、高度な水準の作品創造を行う施設がもっとも先進的という施策が定着してきました。しかし、地方自治体が設置した公共劇場について言えば、それらはもともと地方自治法上の「公の施設」として建てられたもので、地域住民の福祉施設、基本的には貸し館中心の集会施設という位置付けのものです。作品創造を中心とする事業展開、そのための職員や専属スタッフ編成など、様々な工夫というか、制度上の無理を重ねながらここまで成長してきた。それが公共劇場の現実です。

公共劇場は、今、課題変化の時

　現在、公共劇場と呼ばれている施設は、もともとは演説会場がはじまりで、その後、集会場となり、1950年代から60年代にかけて地方都市を活性化させるための大規模集会施設から、多目的ホール、文化会館という発達を遂げてきました。さらに、80年代になると機能を特化させた、音楽ホールや、オペラ、バレエ、演劇など、舞台芸術のための専用劇場がつくられたという変遷があります。

　一方で、現在の公共劇場では、国や民間からの助成金などを受けて、そして再分配の窓口という役割の比重も大きくなってきています。その際に、これまでのような一律的な公共劇場でいいのかという課題が、新たに湧き上がってきているように思います。

民間劇場について、貸し劇場の先にあるもの

　民間劇場、ことに200席以下の小劇場については、昨年（2021年9月）に、「全国小劇場ネットワーク」という組織が立ち上がりまし

た。貸し劇場が中心だった小劇場が、これもCOVID-19の副次的な効果とも言えますが、もう一度、地域の中での自分たちの本来の役割を見つめ直し、これまでの知見を交換しながら、新しい時代への生き残りを真剣に考え始めています。さらに、演劇そのもののあり方についても、稽古場での演出家のパワーハラスメントやジェンダー、あるいは社会的少数者との共生への取り組みなど、多くの基本的な課題がその前に山積みになっています。

　民間劇場に期待したいのは、これらの社会の矛盾や課題に取り組みながら、舞台芸術の経済的な自立のビジョンをもったオルタナティブマーケットの形成です。例えば、子どもや高齢者、LGBTQ +などと向き合う作品創造、社会的な少数者の人たちが集まれる場所としての小劇場を基盤とする、現在のメインマーケットとは異なる新しいマーケットは、必ずしも遠い夢物語ではない。というか、多くの劇場表現者が場の運営者と手を携えて取り組まなければならない、喫緊の課題なのではないでしょうか。

演劇・パフォーミングアーツの文化史的な転換期

　新しいマーケットをつくりだしていく際には、国内だけでなく近隣アジア諸都市について、それらを自分たち自身の新しい創造環境として積極的に取り入れていく視点も必要です。

　演劇における言語や製作プロセス、規模の制約の中でどれだけ創造的な「場」と「事」を形成できるのかという、様々な課題を解決するために、パフォーミングアーツそのものの抜本的な転換が必要でしょう。従来のジャンル分けに捉われない幅広いアーティストが協力し合う新しい作品の世界観が生まれることに期待しています。

　周囲には、少しずつ、それら海外の芸術大学や演劇学校に留学するパフォーマーも生まれており、新たな劇場文化圏として、近隣アジア諸都市は、オルタナティブマーケットとしても大きな可能性を秘めています。

舞台技術の変化、これからの劇場空間について

　劇場史を見ると、例えば、60年代後半、チェコの舞台美術家であるスボボダの観客席が移動する劇場構想、80〜90年代ではドイツの演出家ペーター・シュタインによるシャウビューネなど、いくつかの従来の劇場概念を一新する革新的な劇場構想があります。しかし、それらの劇場は、結局、その後のスタンダードとしては発展せずに、短い期間でその寿命を終えてしまいました。劇場機構や舞台技術だけを追い求めても、新しい芸術形式や新しい表現にはなりにくく、劇場の発展とは直接にはなかなか結び付きません。

　安全管理についてもそうですが、劇場をあまりにも建築や技術的な面だけで特徴付けようと考えてしまうこと、つまり劇場そのものの見せ物化は、表現を生み出す場所としての本来の意味からはちょっと不健康なのではないでしょうか。

ハードとしての劇場の、長中期的な処方箋

　長中期的な視点で、ハード（器）としての公共劇場を考えると、おそらく次の2つの役割を担う施設機能が求められると考えられます。

　ひとつは、採算可能な市場参画型の施設。日本の場合、採算性を考えると最低で600席、上限は快適に観劇するとしたら1,200席程度でしょうか。加えて、付帯施設として、多くの公共劇場ではまだ十分に整備されていませんが、ものづくりの場所、長期間使用可能な稽古場や大、小道具、衣装などを製作する作業場、音響や映像製作のためのスタジオなどのバックヤードが必要になります。

　もうひとつは、多目的に利用できる事業空間です。劇場として名付けるとすると100〜250席のブラックボックス。ブラックボックスは、そこに劇場が形成できる場所、可変型の多目的スペースです。演劇はもちろん、展覧会や大型のワークショップ、音楽会なども開催できる。これまでの公共劇場では、練習場と位置付けて、それを転用するというかたちを取っている場合が多く見受けられますが、公共劇場の新しいスペースとして、より積極的な位置付けが

必要だと思います。さらに、託児スペースやバリアフリーのワークショップスペース、音楽練習室、造形アトリエなど、従来の劇場という概念一辺倒ではなく、アートセンターというか、地域ごとの個性を生かした、施設についての新しい基本イメージへの積極的な組み立てが望まれます。

劇場についての独自概念の創出

　制度としての劇場で言えば、欧米型ではない劇場概念、今述べたような複合施設を考えていく必要があると思っています。

　そのために、運営組織の中に、アートディレクターの代わりに、あるいはそれと共存してアクセスコーディネーターの役割を務めるスタッフを組み入れる。舞台芸術の枠組みをより幅広く構えて事業を手がける際に、人を呼び込み、さらにアーティストと行政の間に立って道筋をつくり、プランを考える役割です。専門的な技術というよりは、芸術表現分野とともに、様々な社会活動のネットワークについての知識と情報をもち、適切な人選やプランニングを行うために、アクセスコーディネータの存在は、今後の公共施設の役割を考えていく上で、重要な意味をもっています。

これからの公共施設の役割分担

　最後に、これからの公共施設のあり方について、それぞれが依拠するコミュニティを基本に、その役割分担について提言したいと思います。

1）国・広域自治体

コミュニティのアイデンティティの形成が大きな役割。
地域の特徴ある文化資源を、集中的に発信していくとともに、演劇学校など、基礎的な人材育成も含め、垂直的（選択・集中）な運用を図る。
□600〜1200席の劇場＋バックヤード

2）都市部基礎自治体

広域自治体との役割分担を明確化。

先端的な芸術をつくりだすのではなく、地域全体をきめ細かく見渡した幅広い取り組みをポイントに、「住民」が社会的にアクティブな「個人（従来の市民を越えた、それぞれの資質に依拠した積極的な社会参加姿勢）」となることを目指し、水平的（公平・平等）な運用を図る。
□小規模の劇場型施設（ブラックボックス）と多目的利用の部屋を整備したアートセンター的な役割

3）非都市部基礎自治体

地域における役割の明確化がテーマ。

日常的な文化遺産の発見と継続。日々の暮らしの風景を見つめ、世紀単位の長期的視点に立った地域の将来像を考えていくのは、社会学者でも政治家でもなく、アーティストの役割と考える。
□アーティストと市民の出会いの場所を創造

　小劇場を中心とする各地の民間施設は、設置された地域の特性を踏まえながら、上記から抜け落ちていくものを拾い上げ、地域と広域とを結ぶ交流のためのプラットホームの役割を果たします。

　これからの劇場の役割は、ひと言で言えば、「社会に対する問いかけ」です。劇場という「場」を通して、様々な「人」と「事」との出会いを創出して、COVID-19というひとつのきっかけによって顕在化しつつある新しい社会動向を掘り起こし、しっかりと寄り添っていくことに劇場の未来は託されています。

（インタビュー記事）

21.5世紀の社会と
空間デザインのために

21.5世紀のデザインに、公共を実装する

髙宮知数

1. なぜ、「公共性」なのか

　ビルディングタイプが扱う空間の多くは、学校、病院など多くの人々が利用し何らかの公共性を有する[1]。さらにバーチャル空間ではそのルールが一私企業やCEOに委ねられている。その象徴的な出来事が、twitter社のトランプのアカウント永久凍結と、イーロン・マスクが買収後アカウントを回復する意向というニュースだろう[2]。

　ニューヨーク大学教授ジョナサン・ハイトは、この10年の変化と混乱について「テクノデモクラシー的楽観主義が最高潮を迎えたのはおそらく、『アラブの春』で始まり世界規模のオキュパイ・ムーブメントで終わった2011年だろう」という[3]。さらにハイトは2010年代に起きた変化と混乱の原因を「いいね」「リツイート／シェア」ボタンだという。「twitter社のあるエンジニアは、のちに『ツイッターを嫌な場所にしてしまったリツイートボタンの開発に携わったことを後悔している』と告白した」「マーク・ザッカーバーグも、きっとこんな事態は望んでいなかっただろう。だが、フェイスブックやツイッター、ユーチューブなどの巨大プラットフォームは、大規模かつ多様性を孕んだ非宗教的民主主義国家を長年にわたり支えてきた、人々の信用、制度への信頼、そして共有される物語を、気づかぬうちに溶解させてしまったのだ」。繰り返すが、これらは一企業のデザイナーが発案し、企業内で承認実行され、他企業も追随した結果なのだ。

　そして、次世代ネット環境web3.0。これは、イーサリアム共同創

設者ギャビン・ウッドが2014年に提起し、分散型ネットワークが主流となる世界を想定している[4]。伊藤穰一元MITメディアラボ所長は、それが「『台帳』や『複式簿記』に匹敵する社会的インパクトがある」[5]とし、また「その鍵はDAO（分散型自立組織）だ。それにより、我々の仕事や働き方が根底から変わる可能性がある」[6]という。伊藤が語るDAOはビジネス領域の変化だが、行政／立法DXに取り組む落合渉悟は「最終的な目標は国家のDAO化であり、格安スマホによる国民登録、最小限の法律制定、ランダムに採用されたファシリテータや専門家の市民提案対応、熟議、執行、リアルタイム分析等の実行フローで実現することを目指す」という[7]。彼の国家と民主主義を諦めない志には敬服するが、そのアーキテクチャーの公共性を誰がどう実装するのか、通貨だけでなく、投票、自治のインフラが実質的には私企業の技術者と経営者に委ねられることになるのではないかと懸念される。さらにローレンス・レッシグが『CODE』[8]で提示したように、アーキテクチャー設計時点から、法令・規則も含めてある意図の下に計画と実装が進められ、マーケティングにより巧妙に新しく習慣化されてしまえば、人々は疑問なく順応していく。

　そしてそれはサイバー空間に限らない。一日数十万人が訪れるテーマパークや大型展示即売イベントも、そのCODEは私企業やそのトップに委ねられている。実際、入園服装コードのスタッフによる揺らぎや、当初からの出展ルールが突如改変され大混乱に陥った販売イベントにも大半の来場者は無言で順応する。SNS上でのバトルや炎上はしばしば利用者の間で発生し、多数派が同調を迫る。「文句があるなら来るな、使わなければよい」。21.5世紀のデジタルツインにおいて、公共性はどのように担保されうるのだろうか。

　そして、そのようなリアル／デジタル空間で私たちの暮らしや働き方はどうなるのか、マイケル・A・オズボーンオックスフォード大学准教授が2013年に発表した論文[9]では、将来AIによる仕事の自動化により、5割近い雇用が失われると提起された。これを契機に、大規模製造工場時代の残渣のようなワークモデルから大きな変化が

起きはじめている。経団連はSociety5.0を実現すべく、「会社主導による受け身のキャリア形成からの転換」により、各々が、自ら「多様性」と「主体性」をもって「課題解決」、「価値創造」を担う働き手となるよう求めている[10]。またそれに応えるキャリア教育やリカレント教育の推進が文科省から提起されている[11]。1990年「生涯学習振興法」を契機とした生涯学習では、久しく文化、スポーツ、レクリエーション、趣味が中心だったが、2018年文科省教育白書第3章「生涯学習社会の実現」では「『超スマート社会（Society5.0)』に向けて社会が大きな転換点を迎える中にあって、生涯学習の重要性」が謳われ[12]、例えば福井県大野市の生涯学習推進計画には経団連、文科省と歩調を合わせた文言が並ぶ[13]。"多様性"といいつつ、"創造的、独創的""情報の分析判断力""コミュニケーション力"等市場と国家が求める人材像が具体的に明示され、その自発的な習得を"半ば強制される"ことには矛盾と違和感も覚えるが、それはリュック・ボルタンスキーが前世紀に喝破したように、個人の能力主義が新たな資本主義の精神、正義感として支配的になる状況が現実化したからにほかならない[14]。

　ただここで注目したいのは『世界のエリートはなぜ「美意識」を鍛えるのか』、『世界のビジネスリーダーがいまアートから学んでいること』等の著作が書店に並び、東京国立近代美術館の「ビジネスセンスを鍛えるアート鑑賞ワークショップ」が予約初日で満席になる[15]といった動きである。確かにアーティストは、主体的に、独創性をもって、価値創造を、自発的に行っており、参考になるロールモデルとして直感的に想起されるのは自然なことかもしれない。前述のオズボーンのレポートでも生き残る職業として、上位からChoreographers、Set and Exhibit Designers、Fashion Designers、Art Directors、Craft Artistsなどが並ぶ[16]。

　しかし現在日本のアートやアーティストが置かれている状況はどうだろうか。詳細は別稿に譲るが[17]、「文化芸術基本法」や「劇場音楽堂等の活性化に関する法律」前文に格調高く謳われたその理念、

目標の一方で、文化・芸術は、生き残りのため重い負荷を担わされているように思える。人口・財源縮減の中で指定管理者制度やPFIはコストダウンが主眼となり、矢継ぎ早に閣議決定される文化経済戦略、日本文化産業戦略等での合い言葉「稼ぐ文化」に翻弄され、「社会包摂」と称して教育や福祉的効果をもってその効用を説き助成金の維持継続を図ろうとする動きもあり、さらに国家の威信や国民に誇りと自覚を持たせることまで背負わされているが、本来の芸術や芸術家の社会全体にとっての存在意義や本来的価値は、棚上げにされてはいないだろうか。ここでは文化・芸術が持つ社会的な価値について、とりわけ21.5世紀のデザインの核心的課題と考える公共性において果たす役割について──ただし筆者の知見と紙幅から舞台芸術を中心に──考えてみたい。

2. はじまりの芸術、公共のはじまり

　最初の都市の定義、単に村落共同体の人口や地域の規模が大きくなっただけではなく、どのような質的変化があれば都市なのか、V・ゴードン・チャイルドの古典的論考「都市革命」[18]には、都市成立の条件として10項目が挙げられ、その8番目が「芸術」である[19]。従前の共同体期の製作物や芸能とは水準の違うものが生み出されることが要件のひとつとなる。「潤沢な社会的余剰物に支えられた専門家たちが、芸術表現に新たな方向性を与えた」「専任の彫刻家、画家、篆刻家として」「概念化された洗練されたスタイルに従って、人物や物を彫るようになった」「都市では専門の職人が、自分の技術を発揮するために必要な原材料を提供されると同時に血縁ではなく居住地に基づいた国家組織の中で、安全が保証されていた。旅をすることは、もはや義務ではなかった。都市は職人が政治的にも社会的にも所属できる共同体であった。しかし、職人は安心感と引き換えに、神殿や宮廷に依存するようになり、下層階級に追いやられた」。つまりは旅暮らしや流入者の定住、そこから専業の職能者が登場

し、支配階級の庇護もあって芸術が成立した、という。

　本著の執筆者の一人である考古学者・小泉龍人は『都市の起源』[20]で「よそ者との共存」に一章を割き、西アジアで特定の集落に価値観の異なる「よそ者」がやってきて起きた約6000年前の変化について説明する。「なぜ『よそ者』は排除されること無く、一部の集落で共存できたのか。おそらく『よそ者』は、地元の出身者では入手できない物資や情報をもたらしたり、穀物の収穫期における労働を提供していた。互恵的な関係のもとで、ウバイド終末期の特定の集落では、『よそ者』が好意的に受け入れれていたようだ」「『よそ者』との共存は、空間利用の専門分化を産みだしやすい雰囲気をつくりだしていた。街並みの変化としていち早く反応したのが物づくりの専業化である」「（この時期の土器の特徴として）都市的な性格が強まる前には、特定の彩文意匠そのものが人びとの帰属するコミュニティの違いを表現していたと推定される。それに対して、後期銅石器時代のウルク期に都市化が本格化してくると、彩文自体の工程が省略されていく」。彩文土器の無彩化自体は決して芸術の誕生ではないだろうが、帰属共同体から自由になる変化こそが芸術に繋がる基点となる。「よそ者」との共存により、様々な考え方を持つ多様な集団が自ずと求められていく様や、街並みの変化という社会と空間デザインの変化の相関が描かれ興味深い。

　また、芸術や芸術家の誕生と同様に変化として興味を引くのは、新旧の集団や個人が同じ集落で共存するための折り合いや集団を律する規律である。考古学や文化人類学では都市の誕生が同時に国家の誕生であるとされる。ピエール・クラストルは『国家をもたぬよう社会は努めてきた』で「都市と田舎の区別があらわれるのは、都市が存在するときです。そこには、首長とともに町に住まう人間である都市住民がみられます」「この区別が生まれるのは、国家が存在するときです」という[21]。つまり、従来の村落共同体の族長のような伝統や風習や掟等を背景にした権威によるのではなく、ある意味純粋な権力の支配——従属関係自体によってその権力を正当化する

という点で、村落共同体とは異なる社会的関係に移行する。そして
そのような権力規範だからこそ、共同体との縁や、そこでの序列も
ない外部からの「よそ者」に対しても、個々人の能力や技芸によって、
新しい社会、都市／国家には居場所を用意することが可能になる。

　また、農村（農民）と都市（住民）との対立。前者＝農村集落内部
においては、依然として族長・長老による支配や利権の源泉となる
従来通りの共同体の掟や習慣が生きている。一方で都市において
は、「よそ者」を含めて納得する、ある意味普遍性のある新しいルー
ルが求められる。そして芸術やルールが生まれる過程で、都市住民
はよそ者と彼らがもたらした多様性を、また議論のための対話や抽
象化の術を経験習得することとなる。

　ゴードンと小泉、クラストルの考察から浮かび上がる芸術のはじ
まり、それは、よそ者の登場により、それまで帰属コミュニティの
神事・祭事と結び付いていた祭器から芸能までが解放され、より洗
練され、芸術の域に達していく様である。おそらく彼らと新しい芸
術は、同時に族長・長老がしきたりとして仕切ってきた集落の権力
を無力化し、新たな規範や制度で統べようとする都市の長や王の誕
生にも関わったであろう。そして想像をたくましくすれば、いった
ん新たな権力機構が動き出した途端、新王の戴冠を仕切ったかもし
れない芸能者でさえ、用済みとばかりに境界に放り出されるか、道
化として庇護を受けるか選ばされたのかもしれない。この都市＝国
家と村・集落との対立、外部との交通の働きと芸術のはじまり、芸
術家と権力者の共犯関係性のはじまり、そして村・集落と都市＝国
家あるいは既得権と新秩序の対立が変奏されながら続いていく。

3. 公共を可視化する、古代ギリシャの空間と演劇

　都市／国家の起源の延長上にあるギリシャの都市国家とその法
は、当然ながら従来の集落の掟とは大きく異なるものとなる。ロー
マ法を専門とする木庭顕は高校生とのワークショップをまとめた

『誰のために法は生まれた』[22]で、「法律って、社会秩序を守るために国が決めた、国民を縛るルールのことだなと思っていました。違うんですね」という高校生の問いに対して、明快に言い切る。「それは白黒はっきりしていて、グルになっている集団を徹底的に解体して、追いつめられた一人の人に徹底的に肩入れするのが、本来の法です」「政治を成立させる時、テリトリーで無い空間、言語しか通用しない空間、果実を取得するための活動が禁止されている空間を、厳密に区切って用意しなければならない、これが都市である」。

　木庭はまた『新版ローマ法案内』[23]でも都市と領域の厳格な区別の重要性を強く説く。「正確に言えば、空間を都市と領域に厳格に区分することによってその社会は成り立っている。この二元的構成は社会の諸制度諸概念を基幹的に貫通しているから、その社会から生み出されたテクストはこのコードに通じていなければ1行たりとも理解できないほどである」「（都市が担う）政治を直接担う活動は言語だけが君臨する空間においてでなければ実現しない」「都市は完全に開かれていなければならない。透明性の物的な表現である。誰かに対して閉ざされていれば、その者にとってのその空間はグルの巣窟である」と述べ、さらにはその空間デザインに話が及ぶ。「首長の権力を徹底に解体し収奪した」「（その代わりに）彼らが建設するのは神殿であった」「ギリシャ・ローマの都市は神殿を公共空間創設の柱とするのである」「人々の諸集団はクロスするようにしてアクセスしあうこととなり、クロスする空間、ヴァーチャルな意味における十字路において、まさに公共空間ができあがる」「広場という公共空間を往き来するのは、徹底的に解体された、共同体の軛や贈与支配から解放された個であり、純粋な言語と論理が展開される」と、社会と空間のデザインの相関と神殿や広場というビルディングタイプの本質を鮮やかに解読している。木庭はまた、徒党／利権のための所有よりも占有が優先するという、今日でも欧州で所有者が不在放置した空き家や空きビルを占拠するsquatting（日本ではしばしば不法占拠運動と訳されるように犯罪行為として紹介されてきたが）、そ

の歴史的／法律的背景を紹介するとともに、日本の法律と法律家を評して嘆く。「現在の日本の法も、まあ原理というか、理念は、これを追求している。でも、細かいところに入ってくると、だんだん少しづつ腐食していて、ほとんど枯れそうになっていることも確かなんだ」「だって、法律家も、大学の先生も、そもそも法が何を解体するつもりなのかということをわかっていないんだから」。

　木庭が高校生と読み進めるのは古代ギリシャの喜劇作品（「カシーナ」「ルデンス」）や悲劇作品（「アンティゴネー」「フィロクテース」）である。木庭は、神殿同様に神話の宗教性も解体され、文芸化して共有され、ホメーロスの叙事詩こそが多数のポリスに分かれていたギリシャ人にとってのアイデンティティであり、戯曲もそのコードに則って書かれることや、悲劇がギリシャ全域からローマやガリアまで非常に高い頻度で上演されたことを紹介する。逆に言えば、都市国家からさらには植民市まで、アテネ市民からよそ者までが、ギリシャ人であるとはどういうことか、いかな論理の下にあるかを知る手がかりとして戯曲／舞台が機能していた。さらに「アンティゴネー」では、その主題についてヘーゲルはじめ伝統的な「近代国家」と「古い親族」の激突という解釈を排し、最近のフェミニズム、ポストモダン的な解釈[24]も検証し、時には和訳の微妙なニュアンスも吟味しながら[25]も、主題の本質は当時ギリシャでデモクラシー隆盛の一方で一世を風靡した利益志向への批判であり、個人／論理と集団／利権との対立であるという。いったん徹底的に解体した集団／利権が、「デモクラシーの病理とともに復活してきたのを、どうやってもう一度解体するか」、論理的で高い透明性を持つ法律や政治制度であっても放置すれば集団／利権に占有されるというデモクラシーの矛盾こそがこの作品で提示されているとする。木庭の提起は古代ギリシャにおいて演劇が担う社会的価値、議会や裁判と並ぶ公的世界として演劇に当時の社会が付託していたものが何か、あるいは劇場が公共空間としてどういうものであったかを認識させるものである。

4. 英国ルネッサンス演劇と異文化間交易、道化、検閲

　エリザベス朝は、シェイクスピアの活躍で知られる劇場と演劇の一大隆盛期であり、同時に現代まで続く資本主義とグローバリズムそして起業と消費社会がはじまった長い16世紀でもある。英国の歴史家ジョン・サースク『消費社会の誕生』[26]によれば、「16世紀には、生活必需品以外のつまらぬ贅沢品が、極貧の人びとを除く全ての人びとにとって購入できる価格となったのである」「17世紀になると、新しい時代を特徴づける要の言葉は『起業』と『起業家』という二語になった」といい、毛編み靴下、フェルト帽、フライパン等を挙げながら、「これらの商品は、16世紀後半から17世紀にかけて新規事業として立派に成長し」「新規事業の大部分は国内消費用に生産され」行商や定期輸送業者によって全国に販売されていくと同時に、やがてそれらの雑貨は輸出貿易を行うようになっていったという。中世の生活必需品に限られた生産消費、カソリック教会による安定した定常的変化のない社会が、南方との交易、英国国教会の成立（1534年）によって、アフリカ、アジア、アメリカという彼らにとっては未知の大陸で異人と交渉し、買い付け、売り付け、欧州内においても別派のキリスト教徒との間で新たな輸出雑貨品の取引を仕掛ける時代になったのである。フィリップ・D. カーティンが『異文化間交易の世界史』[27]で取り上げる最初の異文化交易はキリスト教徒とイスラム教徒間ではなく、同じキリスト教の異なる宗派間である。それまでは同宗派内の価値観、慣習に基づいて取引されていたわけだが、宗教改革以降の宗派間の取引、さらには文字通り異なる宗教徒間の取引ともなれば、習俗も戒律も商慣習も異なる。互いにその差異を認め合うとともに、納得できる取引にしていくためには、互いを知ることが重要となる。今まで出会ったこともないような振る舞い、物言いをする取引相手は、一体どのような性格や価値観の持ち主なのか。どういう手順なら取引が成立するのか、そしてそれはどのような論理の下で普遍化でき、次回以降も通じるのか。

およそ教会の教えにも聖書にも出てこない、それらを知るための場として劇場が機能することに繋がる、大きな社会的動機が生まれる。ジャン-クリストフ・アグニューは、『市場と劇場』[28]で当時の様々な文献を引き合いに、その相関性の高さについて論証している。（前述のような新しい交易、取引、起業によって発生した）「社会の新しい政治的・商業的・宗教的諸関係を形成し調整する手段を考案しようとする」、「諸関係の捉えどころのない性質を捕らえることのできる象徴的形式を発見しようとする」様々な努力について、それは例えば、「商品交換に集まった人たちを当惑させるような混乱、個人的な疎隔と親交に関する不安定な新しい混乱」「従来の宗教的・家族的・階級的枠組みの中でもはや公認されなくなったか、あるいは少なくとも十分には公認されなくなった自己にぴったりくる人物のイメージ」など、「手に負えないほど抽象的であった」といい、劇場／演劇こそが唯一それらを表象しえたとする。「劇場以外のいったいどこで、そのようなことが可能だったというのだろう？」「商業的・法的発明は、ますます場所と時間を喪失していく市場の過程の内部に生じた、個人のアイデンティティと責任という大きなより御しがたい問題を、増大させることはあっても解決することはほとんどなかった。人間の自己、動機、関係がどのように表象されるべきかを指し示すことはなかった。これら表象の問題は、・・・劇場がこれらを取り上げることになったのである」「近世初期の舞台は、劇場以外の場所に生じる諸関係を反映しただけではなかった。劇場は、それらの諸関係をかたどり、いくつかの重要な点では、それらの諸関係を物質化し、それらの諸関係に具体的な姿を与えさえした」。シェイクスピアが描き出したような各地の様々な階層の人々こそが、この時代の要請に応えて彼らの理解の手助けとなり、また自らの振る舞いの参考となったのである。

　ところでエリザベスⅠ世は演劇を愛好し、当時の勅許劇団は、女王の面前での公演を行うことを名目に、その練習として市中の劇場で公演を行うという建て前であったという。菅沼慶一はJ. Dover

Wilsonから「エリザベス朝の演劇は、起源と性格において本質的に大衆的なものであったけれども、その存在を宮廷の保護に仰いでいた」と引用しながら、「彼女は最初、ある特定の俳優一座の維持費を出すほどの気持ちはなかったから、顧問院に、クリスマスの祭りをはじめその他の季節にも、どうにか俳優たちが生活費を稼げるように配慮させた（女王は後に「女王一座」を抱えた）。」と書いている[29]。もちろんそれは女王にとっての楽しみであると同時に、政治的には、劇中という体で庶民に代わってその治世を時には批判し、時には請願する機会であった。その役を担った「道化」について、現女王エリザベスII世がパトロンを務めるロイヤル・シェイクスピア・カンパニーのサイトには次のように書かれている。「エリザベス女王I世は、ある道化の一人の女王に対する（批判や皮肉の）厳しさが足りないと叱責したと言われている」[30]。

　一方で、この時代に戯曲の検閲、上演中止や劇場閉鎖、俳優追放など演劇と劇場への弾圧がはじまったと言われてきた。だが、それはクリストファー・ヒル『十七世紀イギリスの文書と革命』（原著1985年刊）等の著作のように「当時の演劇統制が禁圧的であった印象を与える」論考が多かったからであり、実際には「取り締まるというだけではなく、俳優の活動に一定の保護を与えるという側面を持っていた」と太田一昭は主張する[31]。彼が編纂した当時の検閲制度の論考集[32]の検閲関係年表を見ると、数年おきにしばしば1年間にも及ぶ上演禁止令が出されており、その対象は宗教、政治上の理由もあれば、夏期の疫病防止の場合もある。また1570年代以降は、枢密院や大臣が上演許可を求めるのに対して、ロンドン市参事会がそれを拒むことがしばしば起きている。広瀬雅弘の16世紀末の演劇存亡期の論考でも、当時公認劇団が女王一座を継いだ宮内大臣一座と海軍大臣一座の2劇団であること、それが全廃を目指すロンドン市当局に対する「枢密院側のギリギリの妥協であり、演劇保護なのである」という[33]。

　つまり、古代ギリシャとは異なる位置付けではあるが、演劇／舞

台が、市民と為政者である女王を繋ぐ政治的経路の役割を果たしていた一面が、この時代にもあったといえるのではないか。また、検閲制度自体の是非は別として、制度下においても演劇側と検閲側の共犯関係も含めて、実際には様々な回避や工夫が行われたことも見逃してはいけない点だろう。さらに英国ルネッサンス演劇の終焉について広瀬が書いた「もう一度、当時の行政当局の演劇弾圧の方法を確認しておこう。彼らは、『劇団』それ自体ではなく、『劇場』を潰しにかかり、それによって『劇団』の息の音を止めようとした」ことも覚えておくべき重要な指摘である。劇団や俳優が存続できても、「劇場」がなければ演劇は失われるのだ。

5. 演劇的／劇場的公共性という「小さな希望」

　以上、都市形成期、古代ギリシャ、16世紀英国を見てきた。木庭とアグニューに倣ってより普遍化して言えば、芸術のはじまりであった都市の誕生時の芸術から、古代ギリシャ演劇、そして英国ルネッサンス演劇、いずれにおいても、舞台そのものを楽しむとともに、大きな社会や体制の変化の時代にあって、新しい時代の汎用性のある論理や概念について、あるいはそこでの他者の心理や行い、そして自らの振る舞いについて学ぶ機会として、また法令や政治の不備不足を訴える場として、演劇と劇場は社会的な役割を果たしてきたと普遍化できるだろう。

　そして、大変革期に誕生したアートフォームという点では、日本の能楽や茶道もまたそのような機能を担っていたのかもしれないし、いっそう飛躍すれば、1960年代に誕生したアンダーグラウンド演劇もまたその側面があったのではないだろうか。もちろん現代では様々な言語メディアが存在し、消費しきれない膨大な情報が存在する。しかし、書かれる言葉でなく語られる言葉として、それも映像ではなく生身の身体を通して直接に耳に訴えてくるもの、当事者ではなく俳優というあくまで仮象の存在が肉声で語る、そこには当

事者性と他者性が共存するからこそ、観客もまた当事者と他者のあいだを往還しながら観ることができる。

　そう考える時、地球規模の課題と大変動の時代における、文化・芸術と社会の関わり方とその可能性として、それは変化し拡大する異世界や他者を知る時間であり、政治／行政とのもうひとつの回路であり、そこでは自然に個人の自由な思考や振る舞いとともに、活きた公共が立ち上がっている姿を見ることができるだろう。そしてこれこそが文化・芸術が、少なくとも演劇／劇場が本来の活動や価値をもって社会的に広く機能する／本来の意味で社会に包摂されるということであり、それは今日の日本においても十分に可能性のある効用、あるいは、演劇や劇場が本質的に提供しうる公共性ではないだろうか。

　もちろん、それはただちに達成できることではないだろう。ギリシャ・ローマ以来のヨーロッパの、特にドイツ的なモデル、アーレント流の公共空間を提起されても歴史的な経緯や基盤が異なる、というのは事実である。しかし日本は文明開化期、鉄道や工場だけでなく、ローマ法にルーツを持つ法体系や株式会社のような組織など、かつて加藤周一が看破したように、内外のものを取入れる雑種の文化の典型であり、そのことこそが「小さな希望」[34]だったのではないか。西欧と違うからというだけで選択肢にないと一蹴する必要もないだろう。あるいは前述のルネッサンス演劇でも、ギリシャ・ローマの思想や演劇は千年近く忘れ去られ、宗教戦争の敵であったイスラムから再移植された際にはほぼゼロから生み出すに近い努力を要したのではないか。そしてそこに近道はない。

　冒頭で紹介したハイトは論考の最後にこう書いている。「近年、政治的断絶を超えて信頼や友情を育むことを目的とした数百もの団体や機関が、アメリカ人によって立ち上げられた。議会やテック企業が我々を救ってくれることを期待してはいけない。我々は自らと自らの所属するコミュニティを変えていかなければならないのだ。崩壊後のバベルに生きるというのはどんなものだろう？　我々は

知っている。それは混乱と喪失の時代だ。しかしそれは、反省と、傾聴と、再建の時代でもあるのだ。」。木庭も、高校生たちに最後に「壁はどうやって突破するか」でこう語っている。「ギリシャのことを見ていると、やはり彼ら（古代ギリシャ）も何もなかったんですよ。彼らが最初にやるときにアンティゴネーの伝統なんかあるわけがない。じゃあ一体どっから立ち上げたんだろうか、これが私の生涯の研究の関心です」。そうなのだ、混乱と、喪失と、分断はまた、立ち上がる機会なのだ、ただし、反省と傾聴とをもって。

　そして、ドイツといえども、公共あるいは公共空間が、さほど不自由なく機能しているわけではないという。芸術家会館ベタニエンを創設し長らく館長も務めたミヒャエル・ヘルター[35]は、「ドイツで文化というとまずはたいてい『演劇文化』が想定される、もちろん舞台がポリスや政治的公共圏の成立にとって重要な役割を果たしてきたヨーロッパ文化史の中に位置づけられる」としながらも、「イギリスやフランスと比較すると、ドイツは遅れて発展した国」であった中で、あまりに古典的な劇場が成功した反動で、「身動きの取れない構造の負荷に苦しんでいた」のだという。（その上で）「地球市民である我々が、この近代の（最初の）200年間の間、どんなに孤独な状態の中で、世界を転換させてきたかを、我々のもろもろの発明や錯誤が崩壊の淵で世界を操縦してきたかを理解するならば、芸術や芸術家達がふたたびこの地球という惑星の重大事に、人間の生活世界のために関与するようになることを、やはり要求しなくてはならないのだ」という。

　芸術や芸術家が地球的課題に関与すること、あるいは転換や操縦の仕方を彼らならではの方法論をもって提示することで、芸術は国家と市場によって矮小化され幽閉された軛を絶ち、「理性的な洞察と感情的な仲介という芸術固有の性質によって我々の目を拓き、眼前にある課題への我々の感受性を鋭敏にすることによって」（ヘルター）本来の意味で社会的役割を果たすのではないだろうか。その時同時に演劇と劇場は、純粋な論理、普遍性のある規範によって議

論がなされる、そのための自由と安全に満ちた場所として、まさに、
公共と公共空間として立ち現れるはずである。

1 ここでの「公共性」とはひとまず、不特定多数の利用者の誰もが、互いに気兼ねや不快を与えたり感じることなく、誰一人取り残されないで自由闊達に活動できるためのCODE、くらいの意味合いとしておく。ただし、そのことをどう生み出し維持していくか、その困難と試みをこれから見ていく。
2 https://wired.jp/article/elon-musk-trump-twitter-ban/
3 https://www.theatlantic.com/magazine/archive/2022/05/social-media-democracy-trust-babel/629369/
　引用翻訳はhttps://courrier.jp/news/archives/290872/
4 https://gavwood.com/dappsweb3.html
5 https://japan.cnet.com/article/35189110/
6 https://xtrend.nikkei.com/atcl/contents/wat ch/00013/01870/
7 落合渉悟「DAO FOR NATIONS －22世紀の民主制」『WIRED』vol.44 56-66P、プレジデント社、2022
8 ローレンス・レッシグ『CODE』1999、邦訳：翔泳社、2001
9 Carl Benedikt Frey and Michael A. Osborne「THE FUTURE OF EMPLOYMENT: HOW SUSCEPTIBLE ARE JOBS TO COMPUTERISATION?」Oxford Martin Programme on Technology and Employment September 17, 2013
10 一般社団法人 日本経済団体連合会「Society 5.0 時代を切り拓く人材の育成―企業と働き手の成長に向けて―」2020
11 文部科学省「文部科学省におけるリカレント教育の取組について」2020
12 https://www.mext.go.jp/b_menu/hakusho/html/hpab201901/detail/1421865.htm
13 大野市教育委員会「大野市生涯学習推進計画」2022年。計画実現に向けての取り組みの章には「時代に応じた知識や技術の学習」と題し「Society5.0の時代到来を見据え」「インターネットの普及に伴い」等の記述が並ぶ。
14 リュック・ボルタンスキー/エヴ・シャペロ『資本主義の新たな精神』1999、邦訳：ナカニシヤ出版、2013
15 https://www.bunka.go.jp/prmagazine/rensai/museum/museum_052.html
16 作家や作曲家より上位にあるこれらがいずれも身体性との関係が深いこと、またSNS上では母乳や乳がん等の真面目な活動が使う身体用語によりAIが投稿を削除して回る滑稽な事態、という高地朋奈の提起を付記しておく。
17「文化立国をリデザインする(仮)」中村陽一監修『中村陽一教授退職記念論文集(仮)』2022年刊行予定
18 V・Gordon・Childe「The Urban Revolution」Liverpool University Press『The Town Planning Review』vol21、No1,1950、3-17p
19 チャイルドの原文は、箇条書きなど項目立てて書かれてはいない。ここでは関連する記述を含めて引用する。
20 小泉龍人『都市の起源』講談社選書メチエ、2016
21 ピエール・クラストル『国家をもたぬよう社会は努めてきた: クラストルは語る』1974、邦訳：洛北出版、2021
22 木庭顕『誰のために法は生まれた』朝日出版社、2018
23 木庭顕『新版ローマ法案内－現代の法律家のために』勁草書房、2017
24 ジュディス・バトラー『アンティゴネーの主張―問い直される親族関係』2000、邦訳：青土社、2002 寺田麻佑「アンチゴネをどう読むか ―神の法・人の法」国際基督教大学社会科学研究所『社会科学ジャーナル』86号89-106p、2019など
25 イスメーネーの「町の人に逆らってまで、出来ない性分なの」[79]は「町の人」ではなく、「執行力を伴った市民たちの、つまり民主主義的正統性を持った、正式の決定に実力で立ち向かうことは出来ない、皆で決めたことは、実力行使でなく言論で反対しなければいけないということだ、という(前掲書27 246-247p)
26 ジョン・サースク『消費社会の誕生』1978年、邦訳：東京大学出版会、1984
27 フィリップ・D. カーティン『異文化間交易の世界史 』1984、邦訳：NTT出版、2002
28 ジャン-クリストフ・アグニュー『市場と劇場』1986、邦訳：平凡社、1995
29 菅沼慶一「イギリス王政復古期の演劇(1): 文学史のひとつの試み」札幌大学外国学部紀要『文化と言語』24巻1号1-18p、1991

J. Dover Wilson, "The Puritan Attack upon the Stage", The Cambridge History of English Literature XI, 1961, 373-401

30 http://www.rsc.org.uk/lear/teachers/fool.html

31 太田一昭『英国ルネサンス演劇統制史 検閲と庇護』九州大学出版会、2012

32 太田一昭編『エリザベス朝演劇と検閲』英宝社、1996

33 広瀬雅弘「エリザベス朝演劇試論1 1600年の劇場」東京大学文学部大学院英文学研究会『リーディング』第4巻15-30P、1983

34 加藤周一『雑種文化—日本の小さな希望』講談社、1956

35 ミヒャエル・ヘルター「芸術と社会 芸術家会館ベタニエンの企て」京都造形芸術大学舞台芸術研究センター、『舞台芸術05』86-96p、2004

付　録

大和ハウス工業株式会社寄付講座「文化の居場所を考える」全記録　＊所属肩書きは事業当時

構成：松原菜美子（マシュー建築設計事務所）

主催：立教大学社会デザイン研究所
事業責任者：中村陽一（立教大学21世紀社会デザイン研究科教授／立教大学社会デザイン研究所所長）
プログラムディレクター：髙宮知数（立教大学社会デザイン研究所研究員）
プログラムアドバイザー：五十嵐太郎（東北大学大学院教授／建築史家・建築批評家）
　　　　　　　　　　　　槻橋修（ティーハウス建築設計事務所主宰／神戸大学大学院准教授）
　　　　　　　　　　　　西田司（オンデザインパートナーズ代表／東京理科大学准教授）
　　　　　　　　　　　　山﨑誠子（GAヤマザキ主宰／日本大学短期大学部准教授）

2018年度実施プログラム

講座開講記念特別講演会　（受講者約120名）
日時：2018年6月28日（木）18：30〜20：00
場所：立教大学池袋キャンパス7号館7101教室
　　　記念講演：人々の出会う場所－ビルディングタイプを超えて
　　　古谷誠章（日本建築学会会長／早稲田大学教授）
　　　特別講義：社会デザインと文化の居場所
　　　中村陽一（立教大学21世紀社会デザイン研究科教授／立教大学社会デザイン研究所所長）

公開講座　場所：立教大学池袋キャンパス

#1：公園／広場　7月2日（月）18：30〜20：00（受講者約60名）
モデレーター：髙宮知数（立教大学社会デザイン研究所研究員）
講師：町田誠（国土交通省PPPサポーター）
講師：泉山塁威（一般社団法人ソトノバ 共同代表理事・編集長）

#2：オフィス　7月9日（月）18：30〜20：00（受講者約100名）
モデレーター：髙宮知数（立教大学社会デザイン研究所研究員）
講師：羽鳥達也（株式会社日建設計設計部部長）
講師：林宏昌（Redesign Work株式会社 代表取締役社長）

#3：ホール/劇場/アートセンター　9月26日（水）19：00〜21：00（受講者約35名）
モデレーター：髙宮知数（立教大学社会デザイン研究所研究員）
講師：佐藤信（演出家・劇作家／座・高円寺芸術監督）
講師：坂口大洋（仙台高等専門学校教授）

#4：ミュージアム　10月15日（月）19：00〜21：00（受講者約60名）
モデレーター：五十嵐太郎（東北大学大学院教授／建築史家・建築批評家）
講師：佐藤慎也（日本大学理工学部建築学科教授）
講師：西澤徹夫（西澤徹夫建築事務所主宰）

#5：リノベーション　11月12日（月）19：00〜21：00（受講者約55名）
モデレーター：西田司（オンデザインパートナーズ代表／東京理科大学准教授）
講師：馬場正尊（オープン・エー代表取締役／東北芸術工科大学教授）
講師：中村真広（株式会社ツクルバ取締役・共同創業者）

#6：シェア／サードプレイス　12月3日（月）19：00〜21：00（受講者約60名）

モデレータ：中村陽一（立教大学21世紀社会デザイン研究科教授／立教大学社会デザイン研究所所長）
講師：猪熊純（成瀬・猪熊建築設計事務所主宰／首都大学東京助教）
講師：上田假奈代（NPO法人「こえとことばとこころの部屋（ココルーム）」代表）

#7：ビルディングタイプ20世紀〜21世紀　12月17日（月）19：00〜21：00（受講者約35名）
モデレーター：五十嵐太郎（東北大学大学院教授／建築史家・建築批評家）
講師：八束はじめ（建築家・批評家／芝浦工業大学名誉教授）

#8：居場所　1月11日（金）19：00〜21：00（受講者約65名）
モデレーター：山﨑誠子（GAヤマザキ主宰／日本大学短期大学部准教授）
講師：平田晃久（平田晃久建築設計事務所主宰／京都大学教授）
講師：五十嵐太郎（東北大学大学院教授／建築史家・建築批評家）

特別講座「Design Summer Camp2018」
日時：2018年8月19日（日）、20日（月）　1泊2日
場所：横浜 若葉町ウォーフ
−学生ワークショップ「これからの文化がうまれる場所」−
横浜、日ノ出町の空家を対象にリノベーション＆事業・空間プランの提案
講師：永田賢一郎（YONG architecture studio主宰）
　　　柿木佑介・廣岡周平（PERSIMMON HILLS architects主宰）
　　　冨永美保・伊藤孝仁（tomito architecture主宰）
●WSレクチャー
『北仲と横浜の創造界隈の変遷』
講師：細淵太麻紀（BankART1929理事）

−研究会−
『ミュージアム　これからのミュージアム』
ゲスト：平田晃久（平田晃久建築設計事務所主宰／京都大学教授）
　　　　佐藤慎也（日本大学理工学部建築学科教授）
『居場所をつくる　これからの居場所』
ゲスト：平田晃久（平田晃久建築設計事務所主宰／京都大学教授）
　　　　佐藤慎也（日本大学理工学部建築学科教授）
　　　　猪熊純（成瀬・猪熊建築設計事務所主宰／首都大学東京助教）
『アートセンター　これからのホールはアートセンターか？』
ゲスト：あごうさとし（劇作家・演出家／一般社団法人アーッシード京都代表理事）
　　　　佐藤信（演出家・劇作家／座・高円寺芸術監督）
　　　　坂口大洋（仙台高等専門学校教授）
『リノベーション　これからのリノベーション』
ゲスト：馬場正尊（オープン・エー代表取締役／東北芸術工科大学教授）

講座まとめ　シンポジウム
日時：1月21日（月）19：00〜21：00（受講者約40名）
場所：立教大学池袋キャンパス11号館A203教室
講師：中村陽一（立教大学21世紀社会デザイン研究科教授／立教大学社会デザイン研究所所長）
　　　髙宮知数（立教大学社会デザイン研究所 研究員）
　　　五十嵐太郎（東北大学大学院教授／建築史家・建築批評家）
　　　山﨑誠子（GAヤマザキ主宰／日本大学短期大学部准教授）
　　　西田司（オンデザインパートナーズ代表／東京理科大学准教授）

2019年度実施プログラム

全学共通科目・コラボレーション科目講座　（受講生288名）
場所：立教大学池袋キャンパス8号館8202教室

#1：**オリエンテーション**　9月20日（金）15:20〜17:00
講師：中村陽一（立教大学21世紀社会デザイン研究科教授／立教大学社会デザイン研究所所長）

#2：**ビルディングタイプとは**　9月27日（金）15:20〜17:00
モデレーター：髙宮知数（立教大学社会デザイン研究所研究員）
講師：五十嵐太郎（東北大学大学院教授／建築史家・建築批評家）

#3：**スタジアム・オリンピック**　10月11日（金）15:20〜17:00
モデレーター：西田司（オンデザインパートナーズ代表／東京理科大学准教授）
講師：栗原裕二（東京オリンピック・パラリンピック競技大会組織委員会）

#4：**学校・幼稚園**　10月18日（金）15:20〜17:00
モデレーター：槻橋修（ティーハウス建築設計事務所主宰／神戸大学大学院准教授）
講師：安原幹（SALHAUS共同代表／東京大学准教授）

#5：**オフィス**　10月25日（金）15:20〜17:00
モデレーター：林宏昌（Redesign Work株式会社 代表取締役社長）
講師：仲隆介（京都工芸繊維大学大学院教授）

#6：**リノベーション**　11月8日（金）15:20〜17:00
モデレーター：西田司（オンデザインパートナーズ代表／東京理科大学准教授）
講師：馬場正尊（オープン・エー代表取締役／東北芸術工科大学教授）

#7：**中間まとめ**　11月15日（金）15:20〜17:00
講師：中村陽一（立教大学21世紀社会デザイン研究科教授／立教大学社会デザイン研究所所長）

#8：**住宅**　11月22日（金）15:20〜17:00
モデレーター：槻橋修（ティーハウス建築設計事務所主宰／神戸大学大学院准教授）
講師：西牧厚子（株式会社新建築社「新建築住宅特集」編集長）

#9：**緑・自然**　11月29日（金）15:20〜17:00
モデレーター：西田司（オンデザインパートナーズ代表／東京理科大学准教授）
講師：山﨑誠子（GAヤマザキ主宰／日本大学短期大学部准教授）

#10：**広場**　12月6日（金）15:20〜17:00
モデレーター：五十嵐太郎（東北大学大学院教授／建築史家・建築批評家）
講師：平野暁臣（現代芸術研究所代表／岡本太郎記念館館長）

#11：**ホール・劇場**　12月13日（金）15:20〜17:00
モデレーター：髙宮知数（立教大学社会デザイン研究所研究員）
講師：坂口大洋（仙台高等専門学校教授）

#12：**デザインとICT**　12月20日（金）15:20〜17:00※休講のため開催なし

モデレーター：門脇耕三（明治大学理工学部准教授）
講師：豊田啓介（noiz architects共同主宰）

#13：**タクティカル・アプローチ**　1月10日（金）15:20〜17:00
モデレーター：高宮知数（立教大学社会デザイン研究所研究員）
講師：槻橋修（ティーハウス建築設計事務所主宰／神戸大学大学院准教授）

#14：**まとめ**　1月17日（金）15:20〜17:00
講師：中村陽一（立教大学21世紀社会デザイン研究科教授／立教大学社会デザイン研究所所長）

特別講座「Design Summer Camp2019」
日時：8月6日（火）10：30〜8月8日（木）19：00　2泊3日
場所：横浜　若葉町ウォーフ

■学生ワークショップ「これからの文化を育てる／地域を育てる」
横浜、藤棚商店街を対象にリノベーション＆事業・空間プランの学生ワークショップ
講師：永田賢一郎（YONG architecture studio主宰）
　　　柿木佑介・廣岡周平（PERSIMMON HILLS architects主宰）
　　　冨永美保・伊藤孝仁（tomito architecture主宰）
WSレクチャー
『街づくり−建築デザイン編−』講師：坂東幸輔（坂東幸輔建築設計事務所主宰／京都市立芸術大学准教授）
『街づくり−運営編−』講師：岡部友彦（コトラボ合同会社代表）

■研究会
『劇場』佐藤信ロングインタビュー
インタビュアー：坂口大洋（仙台高等専門学校教授）
『タクティカル・アプローチ』
講師：槻橋修（ティーハウス建築設計事務所主宰／神戸大学大学院准教授）
　　　高宮知数（立教大学社会デザイン研究所研究員）
『住宅』
講師：西田司（オンデザインパートナーズ代表／東京理科大学准教授）

寄付講座関連プログラム　連続研究会
■研究会vol.1「災害対応」（参加者15名）
日時：2019年12月2日（月）18：30〜20：30
場所：立教大学池袋キャンパスマキムホール10階会議室
ゲスト講師：北後明彦（神戸大学教授）
　　　　　　増田和順（協働プラットフォーム常務理事）

■研究会vol.2『漸進か革新か−ICTで加速する近未来の社会デザイン』（参加者24名）
日時：2020年1月21日（火）18：30〜20：30
場所：立教大学池袋キャンパス本館1104教室
ゲスト講師：伊藤慶太（株式会社本田技術研究所）、
　　　　　　若原強（トレジャーデータ株式会社 エバンジェリスト ／ consulting & more代表）
モデレーター：林宏昌（Redesig Work株式会社代表取締役社長）

2020年度実施プログラム

全学共通科目・コラボレーション科目講座 （オンライン開催）（受講生200名）

#1：オリエンテーション・ビルディングタイプとは　9月24日（木）
オリエンテーション
中村陽一（立教大学21世紀社会デザイン研究科教授／立教大学社会デザイン研究所所長）
ビルディングタイプとは
モデレーター：髙宮知数（立教大学社会デザイン研究所研究員）
講師：五十嵐太郎（東北大学大学院教授／建築史家・建築批評家）

#2：建築家は何をするのか　10月1日（木）
モデレーター：髙宮知数（立教大学社会デザイン研究所研究員）
講師：西田司（オンデザインパートナーズ代表／東京理科大学准教授）

#3：商業施設　10月8日（木）
講師：永田賢一郎（YONG architecture studio主宰）
講師：髙宮知数（立教大学社会デザイン研究所研究員）

#4：シェアオフィス　10月15日（木）
モデレーター：西田司（オンデザインパートナーズ代表／東京理科大学准教授）
講師：中村真広（株式会社ツクルバ 代表取締役・共同創業者）

#5：居場所　10月22日（木）
モデレーター：髙宮知数（立教大学社会デザイン研究所研究員）
講師：梅本龍夫（立教大学大学院21世紀社会デザイン研究科客員教授）

#6：幼稚園　10月29日（木）
モデレーター：西田司（オンデザインパートナーズ代表／東京理科大学准教授）
講師：松本理寿輝（ナチュラルスマイルジャパン株式会社代表取締役）

#7：複合文化施設　11月12日（木）
モデレーター：髙宮知数（立教大学社会デザイン研究所研究員）
講師：槻橋修（ティーハウス建築設計事務所主宰／神戸大学大学院准教授）

#8：美術館・博物館　11月19日（木）
モデレーター：髙宮知数（立教大学社会デザイン研究所研究員）
講師：五十嵐太郎（東北大学大学院教授／建築史家・建築批評家）

#9：災害と復興　11月26日（木）
モデレーター：小泉瑛一（about your city代表）
講師：松村豪太（（一般社団法人）ISHINOMAKI2.0代表理事）

#10：マルチハビテーション　12月3日（木）
モデレーター：西田司（オンデザインパートナーズ代表／東京理科大学准教授）
講師：須賀大介（スマートデザインアソシエーション代表取締役／福岡移住計画代表）

#11：カプセルホテル　12月10日（木）

モデレーター：髙宮知数（立教大学 社会デザイン研究所研究員）
講師：平田晃久（平田晃久建築設計事務所主宰／京都大学教授）

#**12**：**公園** 12月17日（木）
モデレーター：山﨑誠子（GAヤマザキ主宰／日本大学短期大学部准教授）
講師：町田誠（国土交通省 PPP サポーター）

#**13**：**エリアマネジメント** 1月14日（木）
モデレーター：髙宮知数（立教大学社会デザイン研究所研究員）
講師：槻橋修 建築家（ティーハウス建築設計事務所）神戸大学大学院准教授

#**14**：**まとめ** 1月14日（木）
講師：中村陽一（立教大学21世紀社会デザイン研究科教授／立教大学社会デザイン研究所所長）

Design Camp2020
1.連続研究会
■『**ビルディングタイプ学 入門**』からの問題提起
8月6日（木）19:30-21:00
講師：中村陽一（立教大学21世紀社会デザイン研究科教授／立教大学社会デザイン研究所所長）
　　　髙宮知数（立教大学社会デザイン研究所研究員）
　　　五十嵐太郎（東北大学大学院教授／建築史家・建築批評家）
　　　槻橋修（ティーハウス建築設計事務所主宰／神戸大学大学院准教授）

■シリーズ「**空間デザインの行方**」
空間デザイン①（ナカ）「事業に越境する／事業から考える空間デザイン」
11月5日 13:00-14:30
講師：槻橋修（ティーハウス建築設計事務所主宰／神戸大学大学院准教授）
講師：西田司（オンデザインパートナーズ代表／東京理科大学准教授）
コーディネーター：髙宮知数（立教大学社会デザイン研究所研究員）（①～③回）

空間デザイン②（ソト）「屋外空間の変容　新しい生活様式でのソトは加速か衰退か」
11月6日 13:00-14:30
講師：西田司（オンデザインパートナーズ代表／東京理科大学准教授）
講師：山﨑誠子（GAヤマザキ主宰／日本大学短期大学部准教授）

空間デザイン③（ウツワ）「緑・外構から見た建築デザインの変化と行方」
11月7日 13:00-14:30
講師：五十嵐太郎（東北大学大学院教授／建築史家・建築批評家）
講師：山﨑誠子（GAヤマザキ主宰／日本大学短期大学部准教授）

■シリーズ「**社会デザインの行方**」
社会デザイン①（都市）「新しい生活様式でのサードプレイス　－課題と可能性」
11月5日 18:30-20:00
講師：梅本龍夫（立教大学大学院21世紀社会デザイン研究科客員教授）
講師：髙宮知数（立教大学社会デザイン研究所研究員）

社会デザイン②（世界）「SDG'sとまちづくり」
11月6日 18:30-20:00

講師：中村陽一（立教大学21世紀社会デザイン研究科教授／立教大学社会デザイン研究所所長）
講師：広石拓司（株式会社エンパブリック 代表取締役）

社会デザイン③（地方）「ノマド／マルチハビテーション／パラレルライフ　変わる地方とまちづくり」
11月7日18:30-20:00（青森より配信）
講師：西秀記（青森商工会議所副会頭）
講師：中村陽一（立教大学21世紀社会デザイン研究科教授／立教大学社会デザイン研究所所長）
講師：三尾幸司（株式会社JSOL社会イノベーション推進センター長）

2. ワークショップ
詳細は57pトピックス1参照

2021年度実施プログラム

デザインマスタークラス設計競技
詳細は70pトピックス2参照

連続公開講座　全8回（オンライン開催）

■第1回　1月7日（金）19：00－20：30
『ポストコロナのオープンスペースの活用と問題点』
山崎誠子（GAヤマザキ主宰／日本大学短期大学部准教授）
■第2回　1月13日（木）19：00－20：30
『環境と人と建築』小堀哲夫（小堀哲夫建築設計事務所主宰/法政大学教授）
■第3回　1月21日（木）19：00－20：30
『ポストコロナの住宅と建築』
山田紗子（合同会社山田紗子建築設計事務所代表/京都大学・明治大学・ICS非常勤講師）
（モデレーター：五十嵐太郎）
■第4回　1月28日（金）19：00－20：30
『コロナ禍とビルディングタイプの変容』五十嵐太郎（建築史家／東北大学大学院教授）
■第5回　2月3日（木）19：00－20：30
『プレイスメイキングと建築』槻橋修（ティーハウス建築設計事務所主宰／神戸大学大学院准教授）
■第6回　2月17日（木）19：00－20：30
『人の集まる空間を設計する』西田司（オンデザインパートナーズ代表／東京理科大学准教授）
■第7回　2月21日（月）19：00－20：30
『パフォーマティブな公共』津川恵理（建築家集団 ALTEMY 代表/東京藝術大学教育研究助手）
■第8回　2月28日（月）19：00－20：30
『ポストコロナの空間と社会のデザイン』
中村陽一（立教大学21世紀社会デザイン研究科教授／立教大学社会デザイン研究所所長）

執筆者紹介

中村陽一（なかむら・よういち）
立教大学名誉教授、一般社団法人社会デザイン・ビジネスラボ代表理事、社会デザイン学会会長、青森中央学院大学特任教授。編集者、消費社会研究センター代表、東京大学客員助教授、都留文科大学教授、立教大学大学院21世紀社会デザイン研究科・法学部教授、社会デザイン研究所所長等を経て現職。80年代半ばより市民活動・NPO/NGOの実践的研究、基盤整備、政策提言に取り組む。官民パートナーシップ型組織「ソーシャルビジネス推進イニシアティブ」座長の後、一般社団法人ソーシャルビジネス・ネットワーク常任顧問等SB/CB推進、民学産官協働によるまちづくりの専門家としてCSR、SDGs、ESG投資等もカバーしている。ニッポン放送「おしゃべりラボ～しあわせ Social Design」パーソナリティ。編著・共著に『ひとびとの精神史6』（岩波書店）、『3・11後の建築と社会デザイン』（平凡社新書）、『新しい空間と社会のデザインがわかるビルディングタイプ学入門』（誠文堂新光社）等多数。
—

髙宮知数（たかみや・ともかず）
プロジェクトデザイナー/マーケティングプロデューサー。立教大学社会デザイン研究所研究員。立教大学21世紀社会デザイン研究科兼任講師。東日本国際大学地域振興戦略研究所客員教授。座・高円寺劇場創造アカデミー講師。株式会社ファイブ・ミニッツ代表。社会デザイン学会理事。NPO 法人文化の居場所研究所共同代表。近著に『街直し屋』（共著、晶文社、2017年）他。
—

五十嵐太郎（いがらし・たろう）
1967年生まれ。建築史・建築批評家。1992年東京大学大学院修士課程修了。博士（工学）。現在、東北大学大学院教授。あいちトリエンナーレ2013芸術監督、第11回ヴェネチア・ビエンナーレ建築展日本館コミッショナーを務める。「インポッシブル・アーキテクチャー」などの展覧会を監修。
第64回芸術選奨文部科学大臣新人賞。『モダニズム崩壊後の建築－1968年以降の転回と思想－』（青土社）『誰のための排除アート？』（岩波書店）、『増補版　戦争と建築』（晶文社）ほか著書多数。
—

槻橋修（つきはし・おさむ）
1968年富山県生まれ。1991年京都大学建築学科卒業。1998年東京大学大学院建築学専攻博士課程退学。同年、東京大学生産技術研究所助手。2002年ティーハウス建築設計事務所設立。2003年～09年東北工業大学建築学科講師。2009年神戸大学大学院准教授。2022年より神戸大学減災デザインセンター・センター長。博士（工学）。主な作品:「神戸市立北神図書館」（2019年、神戸市）、「南町田グランベリーパーク」ランドスケープデザイン（2019年、東京都町田市、2020年度都市景観大賞（国土交通大臣賞）共同受賞）、著作「文化の居場所の作り方-久留米シティプラザからの地方創生」（監修、誠文堂新光社、2017年）、2009年日本建築学会教育賞（教育貢献）共同受賞。2014年東日本大震災復興支援「失われた街」模型復元プロジェクトが第40回放送文化基金賞受賞（NHK盛岡放送局と共同受賞）。2015年日本建築学会賞（業績）共同受賞。2021年日本建築学会賞（復旧復興特別賞）共同受賞。
—

磯達雄（いそ・たつお）
1963年生まれ。建築ジャーナリスト。1988年名古屋大学工学部建築学科卒業。88～99年『日経アーキテクチュア』編集部勤務。現在、桑沢デザイン研究所非常勤講師、武蔵野美術大学非常勤講師。主な共著書に『昭和モダン建築巡礼』『ポストモダン建築巡礼』『菊竹清訓巡礼』（以上日経BP）『ぼくらが夢見た未来都市』（PHP研究所）など。
—

西田司（にしだ・おさむ）
1976年神奈川生まれ。使い手の創造力を対話型手法で引き上げ、様々なビルディングタイプにおいてオープンでフラットな設計を実践する設計事務所オンデザイン代表。東京理科大学准教授、ソトノバパートナー、グッドデザイン賞審査員。編著書に「建築を、ひらく」「オンデザインの実験」「楽しい公共空間をつくるレシピ」「タクティカル・アーバニズム」「小商い建築、まちを動かす」他。
—

佐藤信（さとう・まこと）
演出家、劇作家。座・高円寺芸術監督、「若葉町ウォーフ」代表
1943年東京生まれ。俳優座養成所を修了後、1966年に自由劇場を設立、1968年に演劇センター68（劇団黒テント）の設立に参画。1970年から20年間、テント劇場の中心的な劇作家および演出家として、日本全国で上演活動を展開。戦後の日本演劇の変革とエネルギーの結集軸となった小劇場運動の先駆的役割を担った。主な戯曲に『あたしのビートルズ』『鼠小僧次郎吉』『喜劇昭和の世界・三部作』『絶対飛行機』『亡国のダンサー』など。演出家としては、演劇のほか、オペラ、能、人形芝居、現代舞踊など多彩なジャンルでの成果を挙げる。また、劇場の開設と運営にも尽力し、「銀座博品館劇場」「スパイラルホール」「オーチャードホール」「世田谷パブリックシアター」「座・高円寺」のほか、地方のいくつもの公共ホールの開設に関与、民間、公共の双方の劇場のプロデューサーや芸術監督を歴任して、演劇活動で幅広い実践を行ってきた。その他に、アジア地域の演劇人との交流や創造活動を意欲的に推進し、近年は、横浜下町の黄金町近くに、舞台・スタジオ・宿泊施設をもつアートセンター、「若葉町ウォーフ」を設立し、「人が集まる、人が出会う、人がつながる」拠点として、新たな芸術交流・国際交流の場をオーガナイズしている。
福岡アジア文化賞 芸術・文化賞（2019）受賞。
—

伊東豊雄（いとう・とよお）
1941年生まれ。65年東京大学工学部建築学科卒業。「座・高円寺」以外の主な作品に、「せんだいメディアテーク」、「多摩美術大学図書館（八王子）」、「みんなの森 ぎふメディアコスモス」、「台中国家歌劇院」（台湾）など。日本建築学会賞、ヴェネチア・ビエンナーレ金獅子賞、王立英国建築家協会（RIBA）ロイヤルゴールドメダル、プリツカー建築賞など受賞。2011年に私塾「伊東建築塾」を設立。これからのまちや建築のあり方を考える場として様々な活動を行っている。また、自身のミュージアムが建つ愛媛県今治市大三島においては、塾生有志や地域の人々とともに継続的なまちづくりの活動に取り組んでいる。
—

橋本裕行（はしもと・ひろゆき）
1959年神奈川県生まれ。1985年明治大学大学院文学研究科（考古学）博士前期課程修了。1985年〜2020年まで奈良県立橿原考古学研究所勤務。現在、同研究所特別研究員。明治大学文学部兼任講師。東京都立大学・立正大学・東京工芸大学非常勤講師。文化庁文化審議会文化財分科会第一専門調査会専門委員。専門は東アジアの考古学で、弥生絵画、神社および神殿遺構、山岳信仰遺跡、東アジアにおける初期国家成立に関する研究、温泉の考古学的研究など多岐にわたる。主な著作に「弥生絵画に内在する象徴性について」『原始の造形 日本美術全集1』（講談社・1994）、「丹生川上神社再考」『日中交流の考古学』（同成社・2007）、『封禅と道長』『王権と武器と信仰』（同成社・2008）、「道後温泉と華清池」『考古学論攷』第36冊（橿原考古学研究所・2013）、「弥生時代の造形・文様・絵画」『日本美術創世記 日本美術全集1』（小学館・2015）などがある。
—

小澤正人（おざわ・まさひと）
1963年生まれ。成城大学文芸学部教授。早稲田大学大学院文学研究科博士後期課程修了。修士（文学）。専門は中国考古学。1989年から中国に留学し、北京大学で考古学を学ぶ。主著に『中国の考古学』（共著、同成社）がある。

—

宗䑓秀明（しゅうだい・ひであき）
鶴見大学文学部文化財学科教授。1955年、東京都に生まれる。1986-87年にペシャーワル大学考古学部にリサーチ・フェローとして留学。1989年、上智大学大学院博士後期課程退学。インダス文明社会を新石器文化以降の交易形態変遷と都市形成史の中で捉える試みを続ける。また、国内の中世都市、とくに鎌倉の政治的、文化的特性を考古学から探る。

—

小泉龍人（こいずみ・たつんど）
1964年東京生まれ。特定非営利活動法人 メソポタミア考古学教育研究所（JIAEM）代表理事。
早稲田大学総合人文科学研究センター 招聘研究員、早稲田大学人間科学学術院 非常勤講師、明治大学文学部 兼任講師、日本大学文理学部・通信教育部 非常勤講師、清泉女子大学 非常勤講師。
早稲田大学第一文学部卒業。同大学大学院文学研究科博士後期課程修了。博士（文学）。1988年以降シリア、エジプト、トルコ、イラクなどでの各種考古学研究調査に参加。主著に『都市の起源』（講談社）、『都市誕生の考古学』『文字の考古学』（同成社）、『考古学の歴史』（朝倉書店）など。1998年日本オリエント学会第20回奨励賞受賞。2015年国立科学博物館特別展「ワイン展」学術協力（図録執筆・展示）。専門分野はメソポタミア考古学、比較都市論、古代ワイン。

—

遠藤孝治（えんどう・たかはる）
1973年群馬県生まれ。早稲田大学理工学部建築学科博士課程にて古代エジプト建築と都市について専門的に研究し、現地発掘調査に建築班として参加。2010年よりサイバー大学世界遺産学部助教に就任。2014年より同大学の学務部長を経て、現在は全学の教育改革事業を企画推進する役割として、事業統制企画室担当部長を務める。早稲田大学エジプト学研究所の招聘研究員を兼務している。

—

市川紘司（いちかわ・こうじ）
1985年東京都生まれ。建築史家。博士（工学）。東北大学大学院工学研究科都市・建築学専攻助教。東京藝術大学美術学部建築科教育研究助手、明治大学理工学部建築学科助教を経て現職。2013年〜2015年、中国政府奨学金留学生（高級進修生）として清華大学建築学院留学。著書に『天安門広場——中国国民広場の空間史』（2022年日本建築学会著作賞）。翻訳書に王澍『家をつくる』（共訳）など。

—

山﨑誠子（やまざき・まさこ）
植栽家、ランドスケープデザイナー、日本大学短期大学部准教授、GAヤマザキ取締役。住宅の庭から、緑化、都市計画に至るまでは幅広く緑のプランニングに関わる。主なランドスケープ・植栽計画作品：ワテラス、横須賀美術館、京王フローラルガーデンアンジェ、タワースコラ。主な著書に「世界で一番やさしい住宅用植栽」「新・緑のデザイン図鑑」（エクスナレッジ）「緑のランドスケープ」（オーム社）。

—

坂口大洋（さかぐち・たいよう）
仙台高等専門学校建築デザインコース教授。1970年生まれ。東北大学助教を経て現職　博士（工学）。専門は建築計画・地域計画。主に文化施設を中心とした施設の計画・設計・調査研究などを行う。主

な参画プロジェクトはせんだい演劇工房10-BOX（2002）、東北大学百周年記念会館川内萩ホール（2009）など。雄勝法印神楽再生プロジェクト（2011）白河市組み立て式能舞台（2017）他。著書「劇場空間への誘い」（共著）（鹿島出版会2010）他。

—

内野儀（うちの・ただし）
1957年京都生まれ。東京大学大学院人文科学研究科修士課程修了（米文学）。博士（学術）。岡山大学講師、明治大学助教授、東京大学教授を経て、2017年4月より学習院女子大学教授。専門は表象文化論（日米現代演劇）。著書に『メロドラマの逆襲』（勁草書房、1996）、『メロドラマからパフォーマンスへ』（東京大学出版会、2001）、『Crucible Bodies』（Seagull Books、2009）。『「J演劇」の場所』（東京大学出版会、2016）。公益財団法人セゾン文化財団評議員、公益財団法人神奈川芸術文化財団理事、福岡アジア文化賞選考委員（芸術・文化賞）、ZUNI Icosahedron Artistic Advisory Committee委員（香港）。「TDR」誌編集協力委員。

—

伊藤裕夫（いとう・やすお）
1948年生まれ。日本文化政策学会顧問。
東京大学文学部卒業後、広告会社、シンクタンクを経て、2000〜2006年 静岡文化芸術大学教授、2006〜2011年 富山大学芸術文化学部教授。現在は（公財）利賀文化会議、（公財）静岡県舞台芸術センターの評議員や、（特非）クリエイティブサポート・レッツ等の理事、また神奈川県文化芸術振興審議会会長等を務める。専門は、文化政策、アートマネジメント。編著に、『公共劇場の10年』（共編著・美学出版、2010）、『芸術と環境』（共編著・論創社、2012）など。

—

堀内真人（ほりうち・まひと）
舞台監督・演出助手を経て、プロダクションマネージャー、技術監督として活動。国内外の演劇・ダンス公演に携わる。2003〜4年には文化庁在外研修員としてパリおよびロンドンに滞在。開館よりKAAT神奈川芸術劇場の技術監督を務め、現在は事業部長を兼務。同劇場の作品制作を統括し、また他の公共劇場との共同制作・人材交流にも積極的に取り組んでいる。公共劇場舞台技術者連絡会会長。劇場省演出空間運用基準協議会会長。

—

黒尾芳昭（くろお・よしあき）
東京都出身。慶応大学卒業後、つかこうへい事務所に照明スタッフとして参加。服部基氏に師事。加藤健一事務所「審判」より照明プランを始める。92年（株）アザーを設立。演劇集団キャラメルボックス「スキップ」で日本照明家協会・優秀賞受賞。05年、文化庁芸術家在外特別研修でオランダ、イギリスへ。15〜19年久留米シティプラザ舞台技術課長、20年〜パルテノン多摩舞台技術監督。最近の主な作品「天国と地獄」「春、忍び難きを」（佐藤信演出）「からっぽの湖」（G2演出）、「水平線の歩き方」（成井豊脚本・演出）など。

—

飯名尚人（いいな・なおと）
1974年生まれ。映像作家／演出家／プロデューサー／ドラマトゥルク。明治学院大学文学部芸術学科卒業。2003年DANCE AND MEDIA JAPANを立ち上げる。現在、東京造形大学准教授、「座・高円寺」舞台創造アカデミー講師、NPO法人ダンスアーカイヴ構想理事、オンライン舞踏番組「Re-Butoooh（リ・ブトー）」編集長。国際ダンス映画祭主宰。

編　集　中村真弓（KAIGAN）
　　　　宇山英樹（Goldblend）
デザインマツダオフィス
DTP　　株式会社 明昌堂
校　正　洲鎌由美子
撮　影　高橋榮
　　　　山田ミユキ

へん よう
変容するビルディングタイプ

せい き　　しゃ かい　　くう かん
21.5世紀の社会と空間のデザイン

2022年9月17日　発　行　　　　　　　　　　　　　　NDC529

著　　　者　中村陽一　髙宮知数　五十嵐太郎　槻橋 修
　　　　　　なかむらよういち　たかみやともかず　いがらしたろう　つきはしおさむ
発　行　者　小川雄一
発　行　所　株式会社 誠文堂新光社
　　　　　　〒113-0033 東京都文京区本郷 3-3-11
　　　　　　電話 03-5800-5780
　　　　　　https://www.seibundo-shinkosha.net/
印刷・製本　図書印刷 株式会社

ISBN978-4-416-52101-4